Yara Hofbauer

Das ist Diskriminierung!

UNRAST

Yara Hofbauer, geboren 1989 in Wien, ist Rechtsanwältin im Bereich Opfer-, Diskriminierungs- und Gewaltschutz und Trainerin für Diskriminierungsschutz in Arbeit und Bildung. Sie veröffentlichte mehrere Fachpublikationen in dem Bereich, es ist ihre erste Sachbuch-Veröffentlichung ohne expliziten Rechtsbezug.

Yara Hofbauer

Das ist Diskriminierung!

Verstehen, was hinter dem Vorwurf steckt

UNRAST

Bibliografische Information der Deutschen Bibliothek
Die Deutsche Bibliothek verzeichnet diese Publikation in der Deutschen Nationalbibliografie; detaillierte bibliografische Daten sind im Internet über https://dnb.de abrufbar.

Yara Hofbauer: Das ist Diskriminierung!
1. Auflage, März 2023
ISBN 978-3-89771-349-9

www.unrast-verlag.de | kontakt@unrast-verlag.de
Mitglied in der assoziation Linker Verlage (aLiVe)

Umschlag: Katharina Stahlhofen, Köln
Satz: UNRAST Verlag, Münster
Druck: Multiprint, Kostinbrod

Inhalt

Vorwort

Hinter jedem Buch steckt viel mehr als die Autorin selbst. Im Fall des vorliegenden Buchs waren das vor allem Lektorin Tatjana Niederberghaus und Alisha Akii, meine schärfste Kritikerin, die mich mit sanfter Gewalt gleichzeitig stets zum Weitermachen motiviert, wenn ich aufgeben möchte. Mit scharfem Blick, großer Geduld und viel Kritik haben Alisha und Tatjana die unterschiedlichen Versionen Korrektur gelesen, Gedankengänge durchdiskutiert und zahlreiche Verbesserungsvorschläge gemacht, die in dieses Buch eingeflossen sind. Trotzdem wir in manchen Aspekten bis zum Schluss uneins blieben, blieb ihre Unterstützung uneingeschränkt aufrecht. Danke euch!

Check-in

Ich schreibe dieses Buch aus der Motivation einer Mutter, die sich für ihr Kind eine Gesellschaft wünscht, in der es sein kann und sein lässt. In der es Fragen stellen kann, ohne dafür verurteilt zu werden. In der es gefragt werden kann, ohne sich verletzt zu fühlen. Ich wünsche mir eine Welt, in der jede*r Platz hat.

Die Idee zu diesem Buch besteht schon lange. Immer habe ich andere Projekte vorgeschoben, versucht, mit harten Deadlines, wichtigeren Aufgaben oder privaten Verpflichtungen vor mir selbst zu rechtfertigen, wieso ich nicht endlich zu Papier bringe, was mich schon lange so umtreibt: *Welche Gesichter hat Diskriminierung und wieso ist es so schwer, einzugrenzen, wie sie aussehen?* Auch wenn ich mir selbst weismachen konnte, dass »gerade einfach keine Zeit ist«, liegt die Wahrheit wohl doch eher darin, dass ich ganz grundsätzliche Fragen für mich noch nicht geklärt hatte:

Wie lässt sich über Diskriminierung schreiben, ohne zu belehren? Wie lässt sich über Diskriminierung schreiben, ohne jemanden zu verletzen? Wie lässt sich über Diskriminierung schreiben, von der ich oftmals gar nicht selbst betroffen bin? Wie lässt sich über Diskriminierung schreiben, sodass meine persönliche Haltung nicht aus dem Blick gerät, aber die Objektivität gewahrt bleibt? Wie lässt sich über Diskriminierung schreiben, ohne am Ende Zielscheibe von Kritik und Anfeindungen zu werden, die ich möglicherweise noch nicht in der Lage bin in Kauf zu nehmen?

Erschwerend hinzu kommt mein stark ausgeprägtes Bedürfnis nach klaren, dogmatisch ableitbaren Antworten. Ich möchte Informationen kategorisieren, sie sortieren und Kausalitäten herstellen – alles auf Basis von Belegen. Die Wahrheit ist aber, so einfach ist es hier nicht. Einerseits, weil es um unendlich viele verschiedene persönliche Erfahrungen geht, wenn wir über Diskriminierung sprechen. Andererseits, weil es so viele Merkmale (Geschlecht, Alter, sexuelle Orientierung, Aussehen, soziale Herkunft…) gibt, auf Basis derer diskriminiert wird und nicht für alle dieselben Mechanismen und Logiken gelten. Schließlich, weil unterschiedliche kulturgeschichtliche und gesellschaftspolitische Entwicklungen auch verschiedene gesellschaftliche Herausforderungen mit sich bringen.[1] Natürlich ist es reizvoll, die Verhältnisse, die einem vertraut sind, auf alle Gegebenheiten umzulegen – wirklich passend sind sie deswegen allerdings noch nicht. Dennoch gibt es gewisse

Mechanismen und Systematiken im Zusammenhang von Macht und Diskriminierung, die allgemeingültig erscheinen.

Während ich zu Beginn des Projekts also hochmotiviert die ersten Seiten zu Papier gebracht hatte, begannen die immer komplexer werdenden Informationen mich zu hemmen. Lange vor allem aus dem Gefühl heraus, meine Perspektive hätte in der Diskussion keinen Platz. Ich spürte zu keinem Zeitpunkt meines bisherigen Lebens finanzielle Not, genoss eine großartige Ausbildung, die von meinen Eltern mitfinanziert wurde, bin eine weiße, heterosexuelle (‣) cis-Frau, (bisher) ohne Behinderungen und lebte den Großteil meines Lebens in einem Umfeld, in dessen Sprache ich mich zu Hause fühle und äußerlich nicht auffalle. Kurz: Bis auf den (doch signifikanten, aber dennoch einzigen) Umstand, dass ich eine Frau bin, weise ich bislang keine Merkmale auf, die mich zur Zielscheibe von Diskriminierung machen. Als ich einer befreundeten (‣) Person of Color (PoC) von meinem Dilemma erzählte und sie nach ihrer Meinung fragte, sagte sie die entscheidenden Worte, die mich endlich dazu brachten, meine Gedanken zu Papier zu bringen: »Es braucht auch die Stimmen aus privilegierter Sicht.« Es stimmt, dass ich mit bestimmten Codes aufgewachsen war, die mir ein sicheres Geleit durch mein gesellschaftliches und berufliches Leben erlaubten. Zwar ignorierte ich viele davon und eckte permanent an, das lag aber an meiner individuellen Geschichte und den von mir gemachten Erfahrungen (um die es hier nicht geht). Richtig lesen, konnte ich die Codes dennoch immer und hätte sie auch anwenden können. Es war schlicht meine Entscheidung, eine Wahl, es nicht zu tun. Unter anderem, weil ich mich keinen existentiellen Gefahren stellte, wenn ich sie nicht beachtete. So selbstverständlich wie ich mit ihnen aufgewachsen war, war mir lange nicht *bewusst*, dass nicht jede Person in der glücklichen Lage ist, diese Entscheidung zu treffen. Manchen wird einfach der Zugang zum Codewort verwehrt – unverschuldet, qua Geburt. Andere haben nicht das Privileg, finanziell und sozial ausreichend abgesichert zu sein, um sich über ungeliebte soziale Normen hinwegzusetzen. Doch so wie mir das lange nicht bewusst war, findet dieser Fakt auch im gesellschaftlichen Diskurs häufig zu wenig Beachtung. Vielleicht hören wir einander auch einfach zu wenig zu.

Das Ziel einer diskriminierungsfreien Gesellschaft wird aber nie erreichbar sein, wenn wir nicht bereit sind, voneinander zu lernen, uns gegenseitig unsere Individualität zuzugestehen und gleichzeitig die Prozesse zu verstehen und abzubauen, die diese Individualität rauben. Wir können eine Person nur dann in ihrem *Sosein* sehen, wenn wir auch ihre unterschiedliche Lebensrealität, die möglicherweise von Abwertung und fehlender Anerkennung ihrer Individualität geprägt ist, miteinbeziehen. Gleichzeitig kann es verunsichern, dass auch Personen, denen Gleichstellung und Diskriminierungsfreiheit ein aufrichtiges Anliegen sind, zuletzt tatsächlich teils davor Angst haben (müssen), mit einem ›Shitstorm‹ konfrontiert zu werden, weil ihre Bemühungen bestimmten Personen noch nicht diskriminierungssensibel ((‣) *woke*) genug erscheinen. Dabei trifft es nicht selten diejenigen, die ehrlich verstehen und respektieren möchten. Es ist zu befürchten, dass diese Schwächung der – ich nenne sie liebevoll – ›Gewillten‹ vor allem auch jenen nutzt, die die ›woken‹ Codes perfekt beherrschen, aber kein tatsächliches Interesse an strukturellen Veränderungen haben.

In meiner Tätigkeit als Antidiskriminierungstrainerin und Rechtsanwältin begegne ich häufig solcher Scheinheiligkeit. (‣) *Woke washing*, bezeichnet die Bemühungen, möglichst diskriminierungssensibel zu erscheinen, gleichzeitig aber nichts an den eigentlichen Strukturen oder Verhältnissen ändern zu wollen. Händereibend können die vermeintlich ›woken‹[2] Mächtigen, dann dabei zusehen, wie Menschen sich aus dem Kampf um Diskriminierungsfreiheit zurückziehen, weil die Angst davor, bei einem Fehler oder einer unerwünschten Meinung angefeindet und schließlich zur Zielscheibe beider Seiten zu werden, sehr groß wird. Dieses Spannungsfeld beschäftigt auch mich und spornt mich gleichzeitig in meiner Arbeit an.

Ein weiteres Phänomen ist auffallend im Kontext von Diskriminierungsschutz: Während auf der einen Seite das Thema (‣) *Wokeness*, also beispielsweise, wie Personen angesprochen werden sollen und »was man nicht (mehr) sagen darf«, vor allem (sozial) medial stark diskutiert wird, ist auf der anderen Seite die Wissenslücke zum Thema Diskriminierung bei Frau und Herr Mustermann, erstaunlich stark ausgeprägt. Dies hängt – meiner Wahrnehmung nach – auch damit zusammen, dass manchen die Debatte so komplex und unübersichtlich erscheint, dass sie sich erst gar nicht damit auseinandersetzen. Ganz so, als wäre mir ein Medizinstudium zu aufwendig, und ich würde deswegen auch einen Grundlagenkurs für Erste-Hilfe ablehnen, um zumindest das Nötigste zu verstehen, damit niemand zu Schaden kommt. Es stimmt schon, dass wir auch dann, wenn wir über ein Grundlagenverständnis zum Thema Diskriminierung verfügen, immer noch nicht davor gefeit sind, andere Personen dennoch ungewollt und unbewusst anzugreifen. Aber man kann die Kritik dann besser einordnen. Denn während diese häufig natürlich völlig berechtigt geäußert wird, gibt es ebenso selbstverständlich auch unter diversitäts- und diskriminierungssensiblen Personen unterschiedliche Meinungen. Wie in jeder Debatte kann es sich daher auch beim Thema Diskriminierung bei Kritik schlicht um eine andere Meinung handeln. Die Angst davor, etwas Falsches zu sagen, sollte also mit wachsendem Wissen kleiner werden. Es ist mir ein Anliegen, Gewillten ihre Angst zu nehmen, sich mit dem Thema Diskriminierung auch dann auseinanderzusetzen, wenn sie nicht davon betroffen sind. Denn aus der Vermutung heraus, ohnehin nur alles falsch machen zu können, gleich gar nichts zu versuchen, erscheint die am wenigsten fruchtbringende Herangehensweise und nützt jenen, die bewusst diskriminieren.

Letztlich beantwortete ich mir meine Fragen so: Es lässt sich nicht über Diskriminierung schreiben, gänzlich ohne jemanden zu verletzen, egal wie sehr du es versuchst – selbst, wenn du dich als (▸) Ally betrachtest und deine Arbeit dem Diskriminierungsschutz widmest. Es lässt sich auch nicht über Diskriminierung schreiben, ohne, dass sich manche belehrt fühlen, sieh' es als Informations- und Reflexionsangebot und hoffe, dass es die anderen auch tun. Es lässt sich nicht über Diskriminierung schreiben und gleichzeitig ausschließen, Zielscheibe von Kritik und Attacken zu werden. Du kannst nur hoffen, dass die Kritik sachlich und auf Augenhöhe bleibt. (Wenn du dich nicht bereit fühlst, lass' es.) Es lässt sich nicht über Diskriminierung schreiben, ohne dass deine eigene Position und Meinung omnipräsent sind, wenn du deine persönliche Herangehensweise zum Thema suchst.

Nach diesem kurzen Abriss der Entstehungsgeschichte des vor Ihnen liegenden Buches, der gerne auch als Haftungsausschluss verstanden werden darf, geht es nun endlich zur Sache.

1 Die Welt ist ungerecht, diskriminierend und oft beides

1.1 Diskriminierung schmerzt

Diskriminierungsfrei zu agieren ist nicht nur eine Frage der Höflichkeit, sondern letztlich eine Grundbedingung dafür, andere Menschen nicht zu beeinträchtigen. Der durch Diskriminierung verursachte Schaden kann sich dabei unterschiedlich manifestieren. Basiert eine Entscheidung auf einer Diskriminierung, so bringt diese Ungleichbehandlung *an sich* den Schaden hervor. Etwa, wenn der Gesetzgeber sich dazu entscheidet, homosexuellen Paaren nicht dieselben Rechte zukommen zu lassen, wie heterosexuellen. Oder wenn Ayşe nicht eingestellt wird, weil der*die Arbeitgeber*in annimmt, sie sei Muslima, und er*sie (wenn auch nicht offen kommunizierte) Vorbehalte gegen muslimische Frauen hat. Oder wenn eine Frau für dieselbe Tätigkeit nicht dasselbe Gehalt bekommt, weil ihr Ausfall durch eine potenzielle Schwangerschaft miteinkalkuliert wird. Oder, oder, oder. Hier sind die objektiven negativen Konsequenzen klar ersichtlich: Fehlende Rechte, keine Arbeit, weniger Gehalt. Daneben gibt es aber noch Handlungen, die an sich keine Entscheidung mit sich bringen, aber dennoch nicht folgenlos bleiben. Wie wir jemanden grüßen, wenn wir ihn nicht kennen; wie wir jemanden bedienen, wenn sie Gast in einem Lokal ist; wie wir mit jemandem sprechen, von dem wir noch nichts wissen, kann entweder dazu führen, dass sich unser Gegenüber stark und gehört fühlt oder aber ungesehen und degradiert. All das – und noch viel mehr – macht einen Unterschied dafür, wie sich die Person selbst sieht und wie sie von ihrem Umfeld gesehen wird. Natürlich können diese singulären Ereignisse nur dann Wirkung entfalten, wenn sie eingebettet sind in ein System, das die Effekte ermöglicht und verstärkt.

Sind wir kontinuierlich Diskriminierungserfahrungen ausgesetzt, so hat dies negative Auswirkungen. Es schränkt nicht nur den Handlungsspielraum der Betroffenen erheblich ein, etwa weil ihnen der Zugang zu bestimmten Räumen verwehrt wird, ihnen Fähigkeiten abgesprochen werden und all dies auch maßgeblich dazu beiträgt, wie sich Betroffene selbst und ihre Kompetenzen einschätzen (Stichwort: Mädchen haben kein Verständnis für Technik). Kontinuierliche Diskriminierung kann sich auch negativ auf die Gesundheit der Betroffenen auswirken. Grundlage für solche Gesundheitsfolgen müssen keine offenen diskriminierenden Handlungen sein, wie etwa rassistische Beschimpfungen, sexistische Kommentare oder offen homofeindliches Verhalten. Gerade auch subtile Formen der Diskriminierung, die im Einzelfall für Nichtbetroffene – nicht zuletzt aufgrund jahrelanger Sozialisierung darüber, was wir als ›normal‹ ansehen – kaum wahrnehmbar sind haben ein signifikantes Potential, sich auf die psychische Gesundheit der Betroffenen negativ auszuwirken.[3]

Solche negativen Konsequenzen von Diskriminierung sind durch Studien zu verschiedenen Diversitätsdimensionen gut belegt. So zeigte sich beispielsweise, dass Arbeitnehmer*innen, die sich der (‣) LGBTQIA+-Community zuordnen, sowohl dann psychische und physische Folgen aufweisen, wenn sie auf Basis ihrer sexuellen Orientierung diskriminiert werden, als auch dann mehr Stresssymptome und weniger Zufriedenheit an der Arbeit zeigen, wenn sie sich aus Angst vor Diskriminierung am Arbeitsplatz nicht outeten.[4] Dies erscheint schon deshalb logisch, weil es unglaublichen Aufwand und Energieverbrauch der betroffenen Personen abverlangt, sich permanent zu verstellen und nicht authentisch sein zu dürfen. Aber auch gesamtgesellschaftlich zeigt sich, dass homosexuelle und bisexuelle Männer häufiger unter Angststörungen, Depressionen oder Suchtmittelerkrankungen leiden, als heterosexuelle Männer. Auch ist bei homosexuellen sowie bisexuellen Personen das Risiko für Suizidgedanken und -versuche höher, als bei heterosexuellen.[5]

Sexuelle Belästigung am Arbeitsplatz ist immer noch eine der wesentlichsten Formen von Diskriminierung aufgrund des Geschlechts. Oft handelt es sich dabei nicht nur um eine unangenehme Grenzüberschreitung, die Betroffene schnell wieder vergessen haben, vielmehr kann sexuelle Belästigung psychische und physische Folgen nach sich ziehen, mit denen Betroffene lang zu kämpfen haben. Angst, Stress, depressive Verstimmungen bis hin zu Depressionen mit Krankheitswert, Schlafstörungen, Essstörungen, die Entwicklung chronischer Erkrankung (wie Herz-Kreislauf-Probleme), sind nur einige der möglichen Folgen dieser sexistischen Diskriminierung.[6]

Rassistische Diskriminierung kann ebenfalls zur Beeinträchtigung der Gesundheit, des Selbstwertgefühls und des Selbstbilds der Betroffenen führen. Vor allem die – vermeintlich kleinen – Formen von (‣) Alltagsrassismus, die sich in Blicken, Gesten, dem Straße-Wechseln und Tasche-Festhalten als Reaktion anderer Personen im öffentlichen Bereich, dem Namen-Falsch-Aussprechen oder Fragen, woher man ›eigentlich‹ komme, äußern, können ein sequentielles Trauma mit entsprechenden Traumafolgestörungen, wie

Erkrankung an einer Depression oder Entwicklung einer Psychose, auslösen (siehe dazu näher bei (▸) Mikroaggressionen).[7]

Die Folgen für die Betroffenen sind somit immens, vor allem im Vergleich zu jenen Personen, die nicht permanent diesem Stress ausgesetzt sind. Der Gerechtigkeitssinn geht nun davon aus, dass dafür eine Wiedergutmachung die einzig logische Konsequenz ist. Wir müssen ihn allerdings enttäuschen. Denn meistens liegt die Problematik in der Häufigkeit und Permanenz der Vorfälle, womit es nicht eine zur Verantwortung zu ziehende Person oder Institution gibt, sondern das System und die darin befindlichen Strukturen dazu führen, dass Betroffene ständig diesen Erfahrungen ausgesetzt sind, sich gegen die einzelne Erfahrung aber nicht oder nur schwer zur Wehr setzen können. Unter anderem, weil *im Einzelfall* immer auch andere, scheinbar objektive, Gründe für das Verhalten gefunden werden, wodurch die Diskriminierung von Nicht-Betroffenen und das eigene diskriminierende Verhalten negiert werden kann. Tatsächlich handelt es sich bei der Benennung dieser vermeintlich objektiven Gründe um (▸) *Gaslighting*, (▸) *Silencing* oder (▸) *Derailing*. Es ist nicht erstaunlich, dass ein solches Absprechen der eigenen Lebensrealität eine weitere verunsichernde Stresskomponente darstellen und Selbstzweifel verstärken kann.

Sehen wir uns zu diesen theoretischen Ausführungen ein konkretes Beispiel an:

Miriam ist erfolgreiche Vertriebsmitarbeiterin in einem großen Konzern. Sie hat die besten Zahlen im Team, ihr Chef fördert sie scheinbar bedingungslos. Nach vier Jahren im Konzern verkündet Miriam ihre Schwangerschaft. Ihr Chef ist von dieser Nachricht zunächst überfordert und reagiert plump. Sodann fasst er sich und gratuliert ihr kühl. Von dem Tag ihrer Verkündung an, sucht der Chef – anders als früher – nicht mehr den Austausch mit Miriam, sondern wendet sich nun vermehrt ihrem Kollegen Christoph zu. Es wird ein neuer Posten, eine Zwischen-Hierarchiestufe geschaffen, die mit Christoph besetzt werden soll. Miriam bewirbt sich trotzdem, sie ist länger als er im Unternehmen und hat auch bessere Erfolge vorzuweisen. Die Stelle bekommt dennoch er, Miriam erhält lediglich eine generische Absage-E-Mail. Wenn der Chef überhaupt noch mit Miriam kommuniziert, dann sind es Kritikpunkte in ihrer Arbeit. Miriam geht es zunehmend schlechter, sie möchte dem Chef, mit dem sie immer gut ausgekommen ist, nicht zutrauen, aus rein sexistischen Motiven zu handeln und geht daher davon aus, dass ihre Arbeit durch die Schwangerschaft an

Qualität eingebüßt hat. Nach der Geburt ihres Kindes kehrt sie nicht mehr in das Unternehmen zurück.

Betrachtet man diese Situation von außen, ist die eindeutige Kausalität jene, dass die Schwangerschaft von Miriam zu der Verhaltensänderung des Chefs geführt hat, die sich in mehrfacher Diskriminierung äußert. Miriam aber internalisiert, dass sie selbst das Problem ist, ihr Selbstwert wird dadurch zunehmend geschwächt, bis hin zu dem Punkt, an dem sie schlicht aufgibt.

1.2 Was ist eigentlich Diskriminierung?

Hier verwenden wir den Begriff Diskriminierung in jenem zwischenmenschlichen und gesellschaftlichen Kontext, in dem er uns meistens begegnet. Der Begriff Diskriminierung leitet sich von dem lateinischen Begriff »discriminare« ab, der so viel bedeutet wie »trennen« oder »unterscheiden«.[8] Wenn wir diskriminieren, dann machen wir also eine Unterscheidung. Diskriminierung ist dabei als benachteiligende Ungleichbehandlung auf Basis eines Merkmals, man spricht hier auch von (▸) Diversitätsdimensionen, zu verstehen. Bereits jetzt muss man dazu sagen, dass Diskriminierung immer im Kontext der bestehenden Machtverhältnisse betrachtet und bewertet werden muss, aber dazu später.

Bei Diskriminierung wird jemand *auf Basis einer (oder mehrerer) Diversitätsdimension(en)* ungleich behandelt, im Vergleich zu anderen Personen, die dieses Merkmal nicht haben oder denen dieses zumindest nicht zugeschrieben wird. Nun stellt sich die Frage, was solche Diversitätsdimensionen sein können, auf Basis derer man diskriminiert werden kann. Die kurze Antwort ist: Theoretisch so ziemlich alles. Jede*r von uns hat wahnsinnig viele Diversitätsdimensionen. Um mich als Beispiel zu nehmen, ich bin – wie einleitend erwähnt – eine heterosexuelle, cis-Frau, ich bin Mutter, Schwester, Nichte, Freundin, habe blaue Augen, bin 1,70 m groß, weiß, habe mindestens 20 Narben, habe (derzeit) kurze Haare, bin (derzeit) nicht behindert, bin tätowiert, habe einen Hund, bin Rechtsanwältin, spreche zwei und halb Sprachen, bin Österreicherin, bin Wienerin, Europäerin, meine Eltern sind noch immer verheiratet (Gruß!), (glühende) Atheistin, usw. Einige dieser Merkmale teile ich vermutlich mit Ihnen und andere nicht. Wenn wir danach suchen, werden wir immer Diversitätsdimensionen finden, die uns einen und die uns unterscheiden. Manche Diversitätsmerkmale sind veränderbar, andere nicht. Ändern sie sich, gehen sie möglicherweise mit neuen Diskriminierungserfahrungen einher.

Wir können in der Theorie auf Basis jeglicher Merkmale diskriminieren. Eine Diskriminierung liegt immer dann vor, wenn das Merkmal die Grundlage für das Verhalten oder eine Entscheidung darstellt: Die Hautfarbe, die Größe, der Akzent, der Beruf, der Umstand, ob man Kinder hat, die Kleidung, die Herkunft, das Geschlecht, eine Behinderung, die sexuelle Orientierung, die Weltanschauung. Diese Liste ließe sich beliebig fortsetzen. Einem Schwarzen wird der Einlass in ein Lokal verwehrt, weil er (‣) BIPoC ist. Die Bewerbung einer Frau wird nicht berücksichtigt, weil sie weiblich ist. Einem Mann wird die Elternzeit nicht gewährt, weil er männlich ist. Eine Schülerin wird ausgeschlossen, weil sie ein Kopftuch trägt. Das entsprechende Verhalten wird auf Basis des Merkmals (und den Schlüssen, die daraus gezogen werden) gesetzt und nicht unter Berücksichtigung der konkreten Person. Vielmehr werden (künstlich) Kategorien erzeugt, die wiederum eine Unterscheidung suggerieren, welche eine Ungleichbehandlung rechtfertigt.[9] Hier liegt auch der Unterschied zu einer schlicht (oft gefühlt oder tatsächlich) ungerechten Schlechterbehandlung, die ohne besonderen Grund stattfindet.

Natürlich können wir auch auf Basis mehrerer Merkmale diskriminiert werden. Juristisch wird das Mehrfachdiskriminierung genannt, auch der Begriff (‣) Intersektionalität ist dafür gebräuchlich. Geprägt wurde der Begriff von Kimberly Crenshaw, die im Kontext von Schwarzen Frauen in den USA aufgezeigt hat, dass es nicht ausreicht, die unterschiedlichen Diversitätsmerkmale, auf Basis derer jemand diskriminiert wird, zu addieren, vielmehr sind diese im Gesamten zu betrachten.[10] Ein Beispiel: Eine BIPoC wird bei einer Bewerbung nicht berücksichtigt, obwohl sie die bestqualifizierte Bewerberin ist, weil im Unternehmen Vorbehalte gegen weibliche BIPoC bestehen. Sie wird also weder ›nur‹ diskriminiert, weil sie eine Frau ist, noch aufgrund ihrer Hautfarbe. Die Benachteiligung findet aufgrund der Kombination aus beiden Merkmalen statt. Macht sie nun Diskriminierung geltend und kann das Unternehmen zeigen, dass es sowohl Frauen als auch BIPoC anstellt, dann fällt ihre Beschwerde – obwohl sie auf realer Diskriminierung basiert – durchs Raster.[11] Ihre persönlichen Merkmale müssen also in Summe betrachtet werden, um die Diskriminierung aufzuzeigen. Dies ist aber nicht der einzige Grund, warum intersektionelle Diskriminierung gesondert zu betrachten ist. Ein weiterer Aspekt ist, dass jede Form von Diskriminierung spezifisch ist, und seine eigenen Funktionsweisen, Hintergründe und Eigenarten hat. Dies betrifft nicht nur das Merkmal, auf Basis dessen diskriminiert wird, sondern auch den Kontext, in dem die Diskriminierung passiert. Eine

Person, die von intersektioneller Diskriminierung betroffen ist (hier: weiblich, BIPoC), kann also von anderen Diskriminierungen betroffen sein als Personen, die nur eines ihrer Merkmale teilen, also beispielsweise eine weiße Frau oder ein Schwarzer Mann. Kurz: Schwarze Frauen sind von spezifischen Diskriminierungsmustern betroffen, die nicht mit anderen Formen von Diskriminierung vergleichbar sind. Crenshaw erklärte das folgendermaßen: »Da die Erfahrung der Intersektionalität größer als die Summe von Rassismus und Sexismus ist, kann keine Analyse, die diese Intersektionalität nicht berücksichtigt, sich angemessen mit der besonderen Art und Weise auseinandersetzen, in der Schwarze Frauen unterdrückt werden.«[12]

Spricht man daher über ›Diskriminierung‹ können tatsächlich ganz unterschiedliche Erfahrungen gemeint sein[13]: Gebäude, die nicht barrierefrei sind, wenn ein lesbisches Paar des Lokals verwiesen wird, das permanente Hinwegsehen über eine Mitarbeiterin oder die Hasskommentare, die einer Transfrau entgegenschlagen. Ihnen gemein ist, dass ein oder mehrere spezifische(s) Merkmal(e) zu dieser Ungerechtigkeit führen.

Es gibt aber auch andere, als die individuellen Diskriminierungsformen, wie wir uns im nächsten Kapitel ansehen werden: Vorgeschriebene Arbeitszeiten, die mit Familienbetreuungspflichten nicht vereinbar sind, mehr Männer- als Frauentoiletten oder fehlende Toiletten für non-binäre (sich keinem spezifischem Geschlecht zuordnende) Personen oder Transpersonen, die sich (noch) nicht sicher sind, welche Toilette sie benutzen sollen (und ja, es ist ein beachtliches Alltagsproblem, dringend zu müssen und nicht zu wissen, wohin), Sicherheitskonzepte und Forschung, die sich am männlichen Körper als Norm und Dermatologie, die sich an weißer Haut orientiert. Auch hier handelt es sich um diskriminierende Zustände, weil nicht jeder in derselben Situation die gleichen Möglichkeiten hat, mit anderen Hürden konfrontiert ist und vor allem manche ihr authentisches *Sosein* ausleben können, ohne gesellschaftlich oder sozial bestraft zu werden, und andere nicht.

1.3 Jede Diskriminierung ist ungerecht, aber nicht jede Ungerechtigkeit ist diskriminierend

Wir befinden uns einerseits in einer Zeit, in der das Thema Diskriminierung deutlich an Präsenz gewonnen hat, weshalb sich das Verständnis über problematisches und grenzüberschreitendes Verhalten insgesamt verbessert. Andererseits ist eine gewisse Tendenz der Pauschalisierung erkennbar, die teils dazu führt, dass bestimmte Verhaltensweisen (zu) schnell als diskriminierend angeprangert und damit der Blick auf die immer noch strukturell bestehenden diskriminierenden Ungerechtigkeiten möglicherweise verstellt wird. Denn die Welt ist von Differenz geprägt, wie sich in jedem Lebensbereich zeigt. Macht, Ressourcen, Bildungschancen oder Arbeitslast sind ungleich verteilt. Zwischen den Geschlechtern, zwischen sozialen Hierarchien, zwischen Staaten, zwischen Menschen mit und ohne Migrationsgeschichte. Dabei ist dieses Ungleichgewicht sehr oft sehr ungerecht. Obwohl wir diese Tatsache gar nicht übersehen können, schaffen wir es meisterhaft, sie auszublenden, nicht zuletzt, indem wir uns auf das meritokratische Prinzip der (fehlenden) Leistungsbereitschaft und freien Entscheidung zurückziehen. Hier ein paar Beispiele, die uns allen vermutlich nicht fremd sind:

- *Niemand zwingt so viele Frauen in soziale Berufe, wir versuchen ohnehin alles, um sie für Technik zu begeistern.*

Diese Aussage ist in mehrfacher Hinsicht problematisch. Einerseits, weil sich ›Zwang‹ aus faktischen Umständen (fehlende Kinderbetreuung, schwankende, unvorhersehbare Arbeitszeiten etc.) aber auch gesellschaftlichem Druck (Stillen, Fremdbetreuung von Kindern oder älteren Angehörigen etc.) ergeben kann. Andererseits, weil zwar gegen die Bemühungen, mehr weibliche Personen für technische Berufe zu begeistern, nichts einzuwenden ist, deren positive Effekte und sozialpolitischer Verbesserungsanspruch aber dann zweifelhaft werden, wenn nicht gleichzeitig die sozialen Berufe (massiv) besser bezahlt und die Arbeitsbedingungen verbessert werden. Es gab und gibt nie eine Rechtfertigung dafür, dass Berufe, die besonders nah an Menschen sind (Ärzt*innen ausgenommen), am unteren Ende der Einkommen angesiedelt sein müssen.

- *Afrika ist so ein ressourcenreicher Kontinent, die Menschen dort müssen ja einfach etwas falsch machen, wenn es ihnen trotzdem so schlecht geht.*

Diese Aussage ist – Verzeihung – schlicht ignorant, denn sie lässt die Kolonialgeschichte Afrikas und den Zustand, in den die Kolonialmächte viele afrikanische Länder gebracht haben, sowie die weiterhin bestehenden Ausbeutungsmechanismen des ›Westens‹ völlig außer Acht. Leider beginnen einige Staaten, wie insbesondere Deutschland erst langsam ihre Kolonialgeschichte aufzuarbeiten.[14] Wenn hier ein tieferes Verständnis bereits im Rahmen der Schulbildung erfolgen würde, wäre dies eine wertvolle Basis.

– *Bildung kostet nichts, jeder kann Universitätsprofessor werden, wenn er sich genug anstrengt.*

Zwar ist es richtig, dass es öffentliche Schulen und auch Universitäten gibt, allerdings blendet diese Aussage wesentliche Aspekte völlig aus. So zum einen die Frage, wie das Leben neben der Ausbildung finanziert wird und ob teure Studienmaterialien oder schlecht bezahlte Pflichtpraktika zur Hürde werden. Zum anderen, welche Unterstützung man vom Umfeld erhält – etwa, ob diskutiert, gemeinsam gelernt, intellektuell angeregt und unterstützt werden kann. Auch ob und über welche Netzwerke man verfügt und inwieweit man die notwendigen gesellschaftlichen ›Codes‹ ganz automatisch vom Umfeld mitbekommt, die es (in aller Regel) braucht, um im akademischen Umfeld Karriere zu machen, sind wesentliche Parameter, die einer Chancengleichheit entgegenstehen.

Dass jede dieser Aussagen also purer Unsinn ist, sollte mittlerweile gemeinhin bekannt sein. Warum aber bleiben die dahinterliegenden strukturellen Ungerechtigkeiten dennoch bestehen? Ist es schlicht unveränderliches Schicksal, an welchem Spektrum der Möglichkeiten man auf die Welt kommt, oder ist es Ungerechtigkeit, die durch diskriminierende Strukturen aufrechterhalten wird? Die Antwort ist mehrdimensional und komplex, weil individuelle Entscheidungen und Handlungen, die auf unreflektierten Vorurteilen basieren, bedingt durch strukturelle Diskriminierung dahinter liegen. Es gibt daher nicht die ›eine‹ Lösung, um diese Ungerechtigkeiten und faktische Ungleichheiten abzubauen, vielmehr braucht es die Bereitschaft aller, kontinuierlich zu reflektieren und Gegebenes nicht als unveränderlich anzusehen. Es ist kompliziert, aber es ist machbar.

Auch zwischenmenschliche Ungerechtigkeiten finden permanent statt. Der Lehrer benotet Mirsad strenger als Alex, Paul bekommt die Gehaltserhöhung, die schwangere Lisa hingegen nicht und Moni den Job, der fünf Jahre vor der Pension stehende Herbert bleibt arbeitslos. Viele solcher Erfahrungen basieren auf diskriminierendem Verhalten und vorurteilsbasierten Entscheidungen. Oft ist es allerdings schwierig zu erkennen (oder nachzuweisen), ob es dies oder doch die schlechteren Bewertungen von Lisa, die bessere Qualifikation von Moni oder die fehlende Mitarbeit von Mirsad ist, die zu den Entscheidungen führen. Umgekehrt ist es aber auch möglich, dass Situationen, Entscheidungen, Kommentare oder Urteile, die wir als normal hinnehmen und von außen auf den ersten Blick objektiv erscheinen, tatsächlich von vorneherein auf (unerkannter, unbenannter oder akzeptierter) struktureller Diskriminierung beruhen. Basieren Situationen auf Diskriminierung, dann sind sie mit sehr hoher Wahrscheinlichkeit auch ungerecht. Manchmal aber, ist ein Verhalten auch einfach nur ungerecht – oder fühlt sich so an – ohne, dass sich Diskriminierung dahinter verbirgt, etwa wenn Ali noch wach bleiben darf, aber Kayan schon schlafen gehen muss oder eine Mitarbeiterin ein schöneres Zimmer bekommt als eine andere, weil sie zufällig zwei Wochen früher angefangen hat dort zu arbeiten. Es ist also nicht jede Situation, die uns nicht passt, tatsächlich ungerecht, und ungerechte Situationen basieren nicht immer auf Diskriminierung, gleichzeitig ist nicht jede scheinbar neutrale Situation diskriminierungsfrei.

Ein plastisches Beispiel:

Eine Mutter hat eineiige Zwillingsbuben. Nennen wir sie Paul und Jonas. Paul ist Mutters Lieblingskind, Jonas ist frech, chaotisch und ein Draufgänger. Das Lieblingskind Paul wird von der Mutter bevorzugt. Er darf so lange ausgehen, wie er möchte, wenn die Kinder streiten, gibt sie stets Jonas die Schuld. Das Verhalten der Mutter ist ungerecht, keine Frage. Doch sie trifft ihre Verhaltensentscheidungen auf Basis der beiden konkreten Personen, einer erscheint ihr unzuverlässiger und weniger liebenswert als der andere.

Nun hat die Mutter zweieiige Zwillinge, Paul und Johanna. Die Mutter hat kein Lieblingskind und schenkt beiden dieselbe Liebe, Zeit und Zuwendung. Doch sie geht davon aus, dass Mädchen vorsichtiger sein müssen, allein in der Nacht und im Umgang mit Männern. Jungs, so denkt sie, sind sicherer und weil sie ihre Tochter beschützen möchte, erlaubt sie ihr nicht, so lange fortzubleiben wie ihrem Sohn. Während Paul bei Freunden übernachten darf, muss Johanna zu Hause schlafen, die Mutter möchte jedenfalls verhindern, dass ihre Tochter im Teenageralter schwanger wird. Die Mutter trifft ihre Unterscheidung nicht in Ansehung der beiden Kinder, ihrer Zuverlässigkeit oder Stärken, sondern rein auf Basis deren Geschlechts. Es handelt sich dabei (wenn auch nicht im rechtlichen Sinn) um eine Diskriminierung. (Angemerkt sei, dass die Mutter hier außerdem einem Denkfehler unterliegt, weil Männer im öffentlichen Raum viel häufiger von (nicht-sexualisierter) Gewalt betroffen sind, als Frauen, während für Frauen das eigene Zuhause zu den gefährlichsten Orten zählt.[15])

2 Diskriminierung hat viele Facetten

Wenn ich andere Menschen frage, was sie mit dem Begriff Diskriminierung assoziieren, dann bekomme ich selten eine klare Antwort. Gerade bei Personen, die selbst keine oder kaum Diskriminierungserfahrungen im alltäglichen Leben machen, wird schnell sichtbar, dass das, was sie primär damit verbinden, Unsicherheit ist. »Mittlerweile ist nicht mehr so klar, wann man diskriminiert«, meinte eine Teilnehmerin eines Workshops für eine Personalabteilung. »Auch wenn man aufpasst, verschwimmen die Grenzen irgendwie immer mehr. Überall ist Diskriminierung.« Was die Teilnehmerin meinte, ist, dass betroffene Personen nun schneller Bescheid geben, wenn eine Situation eine Grenzüberschreitung darstellt, und dies oft recht unvermittelt zu sein scheint. Gewohnheiten und Begrifflichkeiten werden in Frage gestellt, die Sicherheit, dass nur offene und feindselige Handlungen diskriminierend sein können, existiert in dieser Form nicht mehr. Aber heißt das, dass diese Diskriminierungserscheinungen neu sind? Natürlich nicht. Lediglich das Bewusstsein hat zugenommen und betroffene Personen nehmen häufiger Rechte wahr, die ihnen auch zuvor schon hätten zugestanden werden müssen. Unlängst meinte eine Teilnehmerin auf die Frage, was sie mit Diskriminierung assoziiert, dass es dabei ausschließlich auf das Empfinden der diskriminierten Person ankommen würde: »Es kommt nur darauf an, ob ich mich diskriminiert fühle, egal, ob die andere Person mich diskriminieren wollte, oder nicht.« Es stimmt, dass bei Diskriminierung das Ergebnis zählt und nicht die Intention der handelnden Person. Aber das Empfinden ist nicht der ausschließliche Maßstab, um dieses Ergebnis zu definieren. Auch wenn es für Menschen, die Klarheit mögen, schwer zu akzeptieren ist, gibt es beim Thema Diskriminierung vielfach keine einfachen, manchmal nicht einmal eindeutige Antworten. Jede*r muss seinen*ihren individuellen Zugang dazu finden. Sich gegenseitig zuzuhören und andere Perspektiven nachzuvollziehen ist dabei essenziell. Weniger essenziell – wenn nicht sogar hinderlich in diesem Prozess – sind hingegen Dogmen. Leider. Denn wäre das nicht herrlich einfach? Aber es lassen sich trotzdem einige Aspekte definieren, ohne die man das Thema Diskriminierung kaum angehen kann. So bestehen unterschiedliche Abgrenzungen und Begrifflichkeiten zu den Erscheinungsformen von Diskriminierung. Zunächst kann Diskriminierung dahingehend unterschieden werden, von wem sie ausgeht. Von einem Individuum, einer Gruppe, einer Institution oder der Gesellschaft an sich. Neben der (▸) individuellen Diskriminierung – dies wäre etwa, wenn Person A Person B rassistisch beschimpft – kann unter anderem unterschieden werden zwischen (▸) institutioneller Diskriminierung – wenn Strukturen und Verfahren diskriminierende Auswirkungen haben, auch dann, wenn dies tatsächlich nicht intendiert ist[16] –, (▸) struktureller Diskriminierung, die tief in den gesellschaftlichen Systemen verankert ist, wie beispielsweise die geschlechtsspezifische gesellschaftliche Erwartungshaltung gegenüber Frauen und Männern und (▸) diskursiver Diskriminierung, etwa wenn über Asylwerber*innen pauschal als ›Wirtschaftsflüchtlinge‹ gesprochen wird. Sehen wir uns einige dieser Formen genauer an.

2.1 individuelle & strukturelle Diskriminierung

Individuelle Diskriminierung basiert auf Zuschreibungen. Es geht somit nicht darum, welche Merkmale eine Person tatsächlich hat, sondern darum, welche ihr von anderen zugeschrieben werden. Oft wird in diesem Kontext davon gesprochen, dass eine Person in bestimmter Weise ›gelesen‹ wird, zum Beispiel: *Die als asiatisch gelesene Person wird dabei besonders oft auf ihre Schulnoten angesprochen.* Bei einer Diskriminierung nehme ich keine Rücksicht auf die konkrete, individuelle Person, sondern mache eine Unterscheidung auf Basis der Zuschreibung, die mir dabei hilft, sie in eine Gruppe zu ›kategorisieren‹. Weil ich bei dieser Gruppe von gewissen Eigenschaften ausgehe, schreibe ich diese samt der Kategorisierung wiederum der betroffenen Person zu. Zwei Beispiele dazu:

> Beispiel 1: Ich lerne Claude kennen und schreibe ihm zu, Franzose zu sein. Über Franzosen und Französinnen kenne ich das Stereotyp, dass sie kein oder nur schlecht Englisch sprechen, weshalb ich (die kein Französisch spricht) von vornherein kein gesteigertes Interesse habe, mit Claude eine Unterhaltung zu führen.
>
> Die (häufig unbewusste) Gedankenkette sieht also folgendermaßen aus: Claude ⇨ Zuschreibung Franzose ⇨ Kategorie: Franzosen ⇨ Stereotyp: Franzosen können sich nicht auf Englisch unterhalten ⇨ Claude: kann sich nicht auf Englisch unterhalten ⇨ Ergebnis: ich möchte mich nicht mit Claude unterhalten. Ob Claude tatsächlich Franzose ist oder seine deutschen Eltern vielleicht nur frankophil sind und ihn deshalb so genannt haben, oder ob er, sofern er Franzose ist, wirklich nicht Englisch sprechen kann, spielt für die Frage der diskriminierenden Zuschreibung keine Rolle.

Beispiel 2: Raul Schmidt hat Elin Özdemir geheiratet und ihren Namen angenommen. Raul hat keine Migrationsgeschichte. Er bewirbt sich bei einem Unternehmen, in seinem Lebenslauf gibt er nur seinen aktuellen Namen an: Raul Özdemir. Die Personalerin des Unternehmens schreibt Raul aufgrund seines Namens eine türkische Migrationsgeschichte zu. Sie hat Vorbehalte, seine Bewerbung zu berücksichtigen, weil sie davon ausgeht, dass türkische Männer patriarchal eingestellt sind und es daher schwierig mit ihm und für ihn wäre, für eine weibliche Vorgesetzte zu arbeiten. Sie siebt seine Bewerbung bereits in der ersten Runde aus. Raul wurde rassistisch diskriminiert, unabhängig davon, ob er tatsächlich türkische Migrationsgeschichte hat oder nicht. Denn das Einzige, was hier zählt, ist die Zuschreibung. Die Personalerin kategorisiert Raul als ›männlichen Türken‹ und schreibt dieser Gruppe wiederum zu, patriarchal zu sein und nicht für Frauen arbeiten zu können. Die Zuschreibung gegenüber Türken als Gruppe, legt sie dann wiederum auf die konkrete Person Raul um.

Was kompliziert klingt, läuft meist ohne, dass wir uns dessen bewusst sind, erlernt und automatisiert in unseren Köpfen ab. Es ist somit möglich, dass die Personalerin diese Gedanken gar nicht ausformuliert oder ihr diese Ableitungen selbst in dieser Form nicht bewusst sind. Es kann sich auch in einem ›unguten Bauchgefühl‹ manifestieren oder darin, dass ihr manche (gleichwertigen) Qualifikationen einfach nicht so gut vorkommen, was sie bei anderen Bewerber*innen allerdings anders bewertet hätte.

Bei der individuellen Diskriminierung sind auch der Kontext und die Position, in der sich diskriminierende und diskriminierte Person gegenüberstehen relevant. Nehmen wir die hitzig diskutierte Frage, ob auch weiße Personen von Rassismus betroffen sein können:

Als ich mit den Teilnehmenden eines Workshops unterschiedliche sexistische Beispiele durchging, fragte eine Teilnehmerin, wieso manche Aussagen in Ordnung sind, wenn sie von Frauen anderen Frauen gegenüber, nicht aber, wenn sie von Männern gegenüber einer Frau getätigt werden. Ich antwortete, dass es für die Bedeutung und die Konsequenzen einer Aussage oft nicht ausreicht, nur die konkrete Aussage anzusehen, sondern sie im Kontext der Lebensrealität der angesprochenen Person zu betrachten ist. Als Beispiel nannte ich das in-die-Haare-Greifen, das unter weißen (vor allem jüngeren) Frauen durchaus üblich ist, begleitet von einem Kompliment, wie »Deine

Haare sehen heute toll aus«. Dieselbe Handlung von einer Weißen gegenüber einer BIPoC kann von dieser allerdings als grenzüberschreitend empfunden werden. Nicht unbedingt, weil sie der konkret handelnden weißen Person etwas Böses unterstellen möchte, sondern, weil es eine Handlung ist, die sie bereits vielfach ohne Einverständnis, teilweise auch von Fremden und in einer Form erlebt hat, in der sie objektiviert und degradiert wurde. Ein weiterer Teilnehmer wandte ein, dass weiße Personen in manchen afrikanischen Staaten ähnliche Erfahrungen machen und es sich dabei dann schließlich um eine vergleichbare Situation handeln würde. Daraufhin entgegnete eine andere weiße Teilnehmerin, dass dies aufgrund des globalen strukturellen Rassismus, den weiße Menschen nicht erleben, nicht gleichzusetzen sei. Damit hatte die Teilnehmerin recht – aber was heißt das konkret?

Als ich als Austauschschülerin ein Semester in einer Schule in Chile verbringen durfte, fiel ich mit meinen blonden, dichten Haaren am Schulhof auf. Es gab nur wenige Jugendliche mit blauen Augen und kaum eine mit einem so blassen Teint. Die ersten Tage wurde ich von den Schüler*innen umringt, alle fassten mich an, mir wurden Zöpfe geflochten, ich wurde geschminkt und sehr viel gefragt, von dem ich das meiste nicht verstand. Mir wurde, bis zum Ende meines Aufenthalts, durchgehend klar gemacht, dass ich anders bin als sie, sie nannten mich noch am Tag meiner Abreise ›Gringita‹ (eine verniedlichte, manchmal auch negativ konnotierte, Form von ›Gringa‹, das in Chile meist für weiße US-Amerikanerinnen verwendet wird) und lachten über meinen Akzent. Trotzdem erlebte ich dort zu keinem Zeitpunkt Rassismus. Im Gegenteil. Ich hatte den Eindruck der totalen Bevorzugung, ich war anders, ja, aber anders im Sinne von ›besonders‹. Keiner schloss mich aus, meine Klassenkolleg*innen, Gastfamilie, Lehrer*innen, allen war daran gelegen, dass ich mich wohlfühlte und Spanisch lernte. Mein Anderssein ging nicht einher mit struktureller Diskriminierung oder Benachteiligung, mein Aussehen oder meine Interessen, aber auch meine Herkunft wurden als positiv und spannend wahrgenommen, zu keinem Zeitpunkt gab man mir das Gefühl, mein Anderssein wäre schlecht. Natürlich war es auch als weiße Frau mit blonden Locken nicht angenehm, dass mir ungefragt in die Haare gegriffen wurde, aber es handelte sich um eine singuläre Situation, die sich an einem Ort abspielte, den ich nicht als mein Zuhause bezeichnete – mein Austauschsemester hatte von Anfang an ein klares Ende. Auch das ist ein massiver Unterschied zu vorgenanntem Beispiel: Nämlich ob mir dort, wo ich beheimatet bin, permanent die Legitimität meiner Zugehörigkeit abgesprochen und das Gefühl gegeben wird (das ich zu irgendeinem Zeitpunkt wohl auch internalisiere), dass ich eben doch anders bin und damit eigentlich nicht ganz dazu gehören darf, oder ob ich mich einen begrenzten Zeitraum dort befinde.

Zurück zur Diskussion im Workshop. Die Teilnehmerin hatte Rassismus also so verstanden, dass für sein Vorliegen auch eine strukturelle Dimension vorliegen muss. Strukturelle Diskriminierung, im Gegensatz zu individueller Diskriminierung, ist demnach gesellschaftlich eingebettet und bedingt die Strukturen, nach denen wir leben und die wir oft als gegeben (und damit ›objektiv richtig‹) ansehen: Wer entscheidet (und warum)? Wie sehen unsere Arbeitsbedingungen aus (und warum)? Wie kommen manche in Netzwerke (und andere nicht)? Wieso werden gewisse Kenntnisse vorausgesetzt (und andere nicht)? Wieso werden bestimmte Bereiche viel höher bewertet als andere? Wieso darf wer wen wählen (und sind manche, die möglicherweise schon länger im Land leben und genauso von den Gesetzen betroffen sind, davon ausgeschlossen)? Was gilt als schön? Metaphorisch gesprochen, werden die Spielregeln stets so gesetzt oder ausgelegt, dass sie Weißen zum Vorteil gereichen, sie also im Zweifel von Vornherein, die besseren Gewinnchancen haben.

Auf den ersten Blick ist strukturelle Diskriminierung kaum sichtbar und muss überhaupt erst, ›dekonstruiert‹, also aufgelöst werden, damit man ihr etwas entgegensetzen kann. Strukturelle Diskriminierung basiert wesentlich darauf, dass wir bestimmte Gegebenheiten als normal (›Norm‹) ansehen und Abweichungen davon stets als solche und damit als anders wahrgenommen werden. Von Personen, die also nicht dieser Norm entsprechen, wird nicht nur eine erhöhte Anpassungsleistung erwartet, sondern sie werden auf ihre ›Andersartigkeit‹ in einem defizitären Sinn auch regelmäßig (direkt oder indirekt) hingewiesen. Etwa, wenn eine Ärztin, als BIPoC von den Patient*innen für eine Pflegerin gehalten oder der männliche Assistent der Anwältin für den Anwalt und sie für die Assistentin verkannt wird. Auch in der oft von Nichtbetroffenen fast unbemerkten Diversitätsdimension Behinderung hat dieses Normmodell eine gravierende Wirkung. Denn Behinderung wird immer noch oft als ›Beeinträchtigung‹ verstanden. Behinderte Personen werden demnach als ›defizitär‹ gesehen, wodurch ihre gesellschaftliche Teilhabe eingeschränkt wird. Bewirbt sich beispielsweise eine blinde Person in einem Unternehmen und wird dieser mitgeteilt, dass man alle möglichen Systeme für sie einrichten müsste, was einen Kostenaufwand von XY bedeute, dann fühlt sich das – zumindest stelle ich mir das so vor – so an, als wäre man eine Belastung. Es werden Systeme benötigt, die für nichtbehinderte, sogenannte ›normale‹ Mitarbeitende eben nicht eingerichtet werden müssten. Was wäre, wenn wir jede Person als vollwertig anerkennen würden, unabhängig davon, welche Sinnesorgane wie funktionieren? Wenn nicht die Betroffenen als Problem gesehen würden, sondern das System? Im deutschen Bundesteilhabegesetz findet sich folgende Definition von Behinderung (in Anlehnung an die Behindertenrechtskonvention, die allerdings selbst keine ausdrückliche Definition der Behinderung enthält):

> »Menschen, die körperliche, seelische, geistige oder Sinnesbeeinträchtigungen haben, die sie in Wechselwirkung mit einstellungs- und umweltbedingten Barrieren an der gleichberechtigten Teilhabe an der Gesellschaft mit hoher Wahrscheinlichkeit länger als sechs Monate hindern können.«[17]

Eine Behinderung zeichnet sich also nicht dadurch aus, dass die behinderte Person das Problem ist, sondern, dass sie aufgrund ihres *Soseins* für einen signifikanten Zeitraum an der gleichberechtigten gesellschaftlichen Teilhabe gehindert ist. Die Gesellschaft behindert Behinderte Menschen; die Struktur ist das Problem, nicht die darin lebenden, von ihr behinderten, Personen.

Als ich 20 Jahre alt war, hatte ich eine Fußoperation. Da ich nicht auftreten konnte, ohne mir eine völlig falsche Gangart neu einzulernen, verpasste mir die Ärztin für ein paar Wochen einen Rollstuhl. Ich bekam einen von der Krankenkasse zur Verfügung gestellten, der nicht nur sehr schwer war, sondern auch einen massiven Rechtsdrall hatte. Vor dieser Situation hatte ich mir nie Gedanken darüber gemacht, wie wenig barrierefrei Wien eigentlich ist. Nun entdeckte ich unzählbar viele Hürden in der Uni, auf den Straßen, in den öffentlichen Verkehrsmitteln und in meinem Umfeld. Lifte, in die ich nicht hineinpasste, fehlende Lifte, unüberwindbare Metallleisten an Türen, Stunden des Wartens auf barrierefreie Straßenbahnen, schiefe Straßen oder vermeintlich witzige Leute, die vorgaben, mir zu helfen und mich dann irgendwo hinschoben und stehenließen. Vor allem aber erfuhr ich, wie es ist, wenn Menschen mit aller Kraft versuchen, einen nicht anzusehen, einen besonders mitleidig ansehen oder mit dir reden, als wärst du fünf Jahre alt. Es war eine lehrreiche Erfahrung, die meinen Blick geschärft hat. Noch immer schaue ich bei jeder U-Bahnstation als erstes, wo der nächste Lift ist. Für jene, die eine solche Erfahrung der ›Behinderung‹ noch nicht mach(t)en, bleiben die vielen Hürden allerdings schlicht unsichtbar.

Struktureller Diskriminierung ist so schwer zu begegnen, weil ihre Existenz bei Hinweisen auf den konkreten Einzelfall häufig abgestritten wird

(*Das hat nichts damit zu tun, dass du eine Frau bist, sondern damit, dass Paul schlicht mehr Erfahrung in dem Bereich hat.*) und sie sich omnipräsent in jede Pore unserer Gesellschaft gemütlich eingenistet hat. Indem wir vorgeben, alle hätten unter denselben Voraussetzungen die gleichen Möglichkeiten – und damit die Eigenverantwortung in den Vordergrund stellen –, negieren wir die völlig unterschiedlichen Bedingungen, unter denen uns eine Gesellschaft begegnet und wir uns untereinander begegnen. »Auch die strukturelle Diskriminierung ist letztlich von Menschen gestaltet und wird von Einzelnen mitgetragen. Sie spiegelt sich in der individuellen Unterstützung diskriminierender Strukturen.«[18] Strukturelle Diskriminierung wirkt auch auf institutionelle oder individuelle Diskriminierung ein, manchmal ist es auch gar nicht möglich, eine Handlung einer konkreten Ebene zuzuordnen.[19] Beispielsweise wird in einem Land, in dem Frauen gesetzlich weniger Rechte zugesprochen werden, als Männern (strukturelle Diskriminierung), ein Unternehmen aus ökonomischen Gründen weniger Anreiz verspüren, Frauen gleich zu bezahlen, wie ihre männlichen Kollegen (institutionelle Diskriminierung) und gleichzeitig spiegeln diskriminierende Verhaltensweisen von Vorgesetzten oder männlichen Kollegen gegenüber den Kolleginnen die gesetzlich festgelegten Werte und Normen wieder, weshalb sie mit hoher Wahrscheinlichkeit gesellschaftlich nicht geahndet werden und Frauen damit vor ihnen nicht geschützt sind (weshalb es möglicherweise zu mehr individuellen Diskriminierungshandlungen kommt).

Natürlich stehen die strukturellen, institutionellen und individuellen Verhältnisse nicht nebeneinander. Individuelle Diskriminierung kann nur dann funktionieren, wenn sie strukturell und/oder institutionell eingebettet ist. Um von struktureller Diskriminierung sprechen zu können, braucht es keine Segregationsgesetze, vor allem gesellschaftlich verankerte Denk- und Handlungsmuster sind hier tragend.

Stellen wir meiner Erfahrung als Austauschschülerin in Chile die Erfahrung einer (fiktiven) asylberechtigten Jugendlichen in einer deutschsprachigen Stadt gegenüber und beantworten wir folgende Fragen ehrlich: Würde sie genauso unterstützt? Würden ihre Sprachkenntnisse, ihr Aussehen, ihr kultureller Hintergrund, genauso positiv bewertet? Hätten die Lehrer*innen, die Schulkolleg*innen, Behördenmitarbeiter*innen genauso viel Geduld mit ihr, wenn sie nur langsam Deutsch lernt? Ohne diese Fragen pauschal beantworten zu wollen, denke ich, dass die Antworten recht einheitlich ausfallen würden. Woran liegen diese unterschiedlichen Lebenserfahrungen? Könnte man nicht davon ausgehen, dass jemand, der neu in eine Gemeinschaft kommt, immer gleich freundlich aufgenommen wird? Wie sieht es aus, mit einer amerikanischen Austauschschülerin in derselben Klasse wie die Asylwerberin? Glauben Sie, sie wird ähnliche Erfahrungen machen, wie eine geflüchtete Jugendliche aus Syrien? Vermutlich nicht. Dieser Unterschied kann sich natürlich durch offensichtliche Diskriminierungshandlungen zeigen, wie rassistische Sprüche oder den klaren Ausschluss aufgrund ihrer Herkunft. Meistens wird er sich jedoch subtil äußern. Darin, wie freundlich der jeweiligen Schülerin begegnet wird. Darin, wie sie angesehen wird, wie viel Interesse ihr entgegengebracht wird, in welcher Sprache sie sich ausdrücken kann und, ob ihr dabei zugehört wird.

Das bedeutet, dass in vielen Fällen die strukturelle Diskriminierung die individuelle Diskriminierung bzw. die Diskriminierungserfahrung bedingt. Natürlich kann es individuelle Diskriminierung gegen Weiße geben, die in spezifischen Kontexten geschehen. Wie beispielsweise in Klassenzimmern, im Freundeskreis oder auch, wenn Weißen pauschal unterstellt wird, böswillig oder eben Rassist*innen zu sein. Sofern wir Rassismus aber (richtigerweise) nur dann als solchen anerkennen, wenn er strukturell bedingt ist, dann beschränkt sich der Rassismus gegen Weiße auf Personen, die ebenfalls von struktureller Diskriminierung betroffen sind. Eine in diesem Kontext bekannte Form des Rassismus ist der (‣) antislawische Rassismus. Dieser betrifft vor allem Personen, denen eine postsowjetische oder ex-jugoslawische Herkunft zugeschrieben wird und die daher eine entsprechende Abwertung erfahren. Ihre Diskriminierung beruht nicht auf ihrer Hautfarbe oder (erkennbaren) Religionszugehörigkeit[20], sondern häufig auf dem Akzent, dem Namen oder der Sprache, die untereinander verwendet wird. Antislawismus gegen Weiße hat im deutschsprachigen Raum eine lange Tradition, die im antirassistischen Kontext allerdings leider oft – zu Gunsten einer (häufig aus dem US-amerikanischen Diskurs schlicht übernommenen) weiß-schwarz Dichotomie – übersehen wird. Gerade im Nationalsozialismus wurde die sogenannte ›Rassenlehre‹ hauptsächlich[21] in Bezug auf Personen mit weißer Hautfarbe angewandt: Auf Juden und Jüdinnen aber auch auf Ostereuropäer*innen, die ebenfalls im Sinne der (‣) eugenischen Ideologie als sogenannte ›Untermenschen‹ angesehen wurden.[22] Weiße Menschen können also von Rassismus betroffen sein, aber was hat es mit dieser Unterscheidung überhaupt auf sich?

Die in den USA entwickelte Selbst- und Fremdbezeichnung von BIPoC, wonach ›Schwarz‹ (›Black‹) großgeschrieben wird (unabhängig davon, ob es sich um ein Adjektiv oder ein Hauptwort handelt) und ›*weiß*‹ (›*white*‹) klein und kursiv, bezeichnet »soziale Kategorien (…), die nichts mit der Realität zu tun haben. ›Schwarz‹ beschreibt also kein Merkmal wie die Hautfarbe eines Menschen. Vielmehr wird die adjektivistische Großschreibung gewählt, um Menschen zu beschreiben, die innerhalb einer Gesellschaft machtpolitisch mithilfe von verschiedenen Instrumenten wie Sprache, Zugängen und Ressourcen marginalisiert werden. (…) Daneben wird jedoch weiß kursiv geschrieben, um auch hier anzuzeigen, dass die Bezeichnung keine natürliche ist, sondern eine machtpolitische.«[23] Wie es die taz-Kolumnistin Viktoria Morasch auf den Punkt bringt, ist diese Übernahme des US-amerikanischen Diskurses für den deutschsprachigen Raum allerdings suboptimal:

> »Das Problem ist: Man ist zu faul, passende Begriffe zu finden und übernimmt welche aus den USA. Aber Menschen in Kategorien zu stecken, geht eh meistens schief, und wenn die dann noch aus einem anderen Kontext stammen, bringt das nichts als Verwirrung. Bestes Beispiel: Die Kategorie »weiß«. Mal ist eine Hautfarbe gemeint, mal eine Position im gesellschaftlichen Machtgefüge. Am Ende kommt etwas raus wie: Europäische Juden sind weiß, aber wenn sie eine Kippa tragen, sind sie es nicht. Wer soll damit was anfangen? Warum benutzen wir nicht Worte, die nicht auf Farben verweisen, um Klarheit zu schaffen? Weil es am Ende doch oft um Farben geht. Und um Augenformen und Haare.«[24]

An dieser Stelle wird der ein oder die andere darauf hinweisen, dass alleine an der Art, wie ›einfach‹ es ukrainischen Geflüchteten im Vergleich zu syrischen oder afghanischen Geflüchteten gemacht wurde[25], zeige, dass es eben schon einen Unterschied macht, ob man weiß (im Sinne der Hautfarbe) ist, oder nicht. Sinngemäß hat jemand Kluges gesagt, dass weiße Personen, die von Diskriminierung betroffen sind, nicht aufgrund, sondern *trotz* ihrer Hautfarbe diskriminiert werden und das ist der Punkt.

Es wird kompliziert. Atmen wir kurz durch. Was ist ›Rassismus‹ eigentlich?

2.2 Ein kleiner Exkurs zum Rassismus

Etwas sei vorweggenommen: Es gibt viele großartige Bücher zum Thema Rassismus, insbesondere und vor allem, von Personen, die selbst davon betroffen sind. Im Anhang finden sich dazu ein paar Leseempfehlungen (die natürlich nicht abschließend sind), deren Lektüre eindringlich ans Herz gelegt wird. Hier findet sich nur ein kurzer Abriss darüber, was man unter Rassismus verstehen kann und was es mit dem Begriff der ›Rasse‹ (von nun an (‣) *race*) auf sich hat.

Veronika Kourabas stellt meines Erachtens eine sehr anschauliche Definition[26] für Rassismus zur Verfügung:

> »Im Rassismus kommt es zur Produktion von Unterschieden. Diese gemachten Unterschiede wirken sich für Menschen auf Zugänge zu materiellen wie symbolischen Ressourcen auf allen relevanten, gesellschaftlichen Ebenen aus. Rassismus funktioniert, indem auf körperliche Erscheinung, Sprache, Name, etc. Bezug genommen wird und diese mit einer Deutung und Bedeutung versehen wird. Diese sozial hergestellten Differenzen werden als natürliche und unveränderliche Eigenschaften festgesetzt: sie werden naturalisiert. Eigenschaften werden dabei nicht nur zu einer reinen Unterscheidungsproduktion genutzt, sondern die Unterscheidungsoperation dient zugleich einer Einteilung und Ordnung von Menschen in bestimmte Gruppen. (…) Menschen, die einer durch Differenzproduktion konstruierten Gruppe angehören, werden zudem als homogene Gruppe und nicht mehr als individuelle Akteur*innen verstanden. Ihr Handeln wird allein durch ihre Hautfarbe, religiöse Symbole oder Praktiken ihrer Kultur etc. erklärt und damit äußerst eingeschränkt betrachtet.«[27]

Was bedeutet das konkret?

Zunächst kann festgehalten werden, dass sich die Ausgestaltung und Rechtfertigungsmechanismen von Rassismus stetig wandeln. Rechtfertigungsmechanismen meint den Versuch, bestehende Strukturen auf Basis vermeintlich objektiver Gründe zu rechtfertigen. Das heißt aber auch: Es gibt immer zuerst die ungerechten Strukturen und dann die Erklärungsmodelle, weshalb diese zulässig sind. *Race* ist also sozial konstruiert. Zunächst wurde ein sogenannter biologistischer Ansatz gewählt, also die Erklärung, dass die unterschiedlich ausgestalteten (oder für manche gar nicht vorhandenen) Rechte damit begründet werden können, dass es biologische Unterschiede zwischen unterschiedlichen ›Rassen‹ gebe. Zwar haben wir uns nicht gänzlich davon gelöst (denken wir an Vorurteile betreffend die Sportlichkeit und das Rhythmusgefühl, die BIPoC immer noch so oft zugeschrieben werden), aber sie werden inzwischen vor allem in geschützten Räumen laut ausgesprochen. Die politisch korrekte Form ist es nun vielmehr, die Unterschiedlichkeit ›kulturell‹ zu begründen. »Der Philosoph Theodor W. Adorno (1903-1969) stellte bereits in den 1960er Jahren bezüglich der ›neuen‹ Formen des Rassismus fest: ›Das vornehme Wort Kultur tritt anstelle des verpönten Ausdrucks Rasse, bleibt aber ein bloßes Deckbild für den brutalen Herrschaftsanspruch.‹ Hinter den meisten Vorstellungen über kulturelle Differenz stehen tatsächlich Denkmuster, die dem radikalen biologischen Rassismus entstammen. Das, was mit Kultur umschrieben wird, bezeichnet also vielmehr essentialisierte und auf den Körper bezogene Differenzen.«[28] Wenn Sie das nächste Mal hören, wie jemand mit ›kulturellen Unterschieden‹ als Begründung für den Ausschluss bestimmter Personen(gruppen) kommt, dann denken Sie daran, dass hier mit hoher Wahrscheinlichkeit rassistische Ressentiments dahinterstehen. Eine – derzeit häufig auftretende – Form ist dabei auch der ›antimuslimische Rassismus‹. Lange bin ich davon ausgegangen, dass es diesen überhaupt nicht geben könne und begründete dies damit, dass Religion eine Entscheidung ist und kein unveränderliches Merkmal, auf Basis dessen man diskriminiert wird. Wer findet den Denkfehler? Er liegt darin, dass ich bei der Frage von Diskriminierung an konkrete Personen gedacht habe. Antimuslimischer Rassismus zeichnet sich, so wie andere Diskriminierungsformen auch, aber dadurch aus, dass er nicht von einer konkreten Person, ihren Glaubenssätzen oder Handlungen ausgeht, sondern eine Kategorie (›Muslim*in‹) erzeugt, auf Basis derer Ableitungen getroffen werden:

> »Menschen, die, ob zutreffend oder nicht, als Muslim_innen angesehen werden, können sich dieser auferlegten Zuschreibung schwer entziehen. Sie werden entlang dieser Denkweise in eine kollektive Verantwortung genommen für Aussagen und Taten, die mit dem Islam assoziiert werden. Somit zeigt sich auch immer eine Form der gesellschaftlichen Machtkonstellation, in der Muslim_innen eine bestimmte Position in der Gesellschaft zugewiesen wird.«[29]

Das heißt also zweierlei: Jede Person muslimischen Glaubens, ist ein Individuum. Wie Sie. Wie ich. Wie Ihre Mutter. Wie wir alle. Wenn wir eine Person schlicht als ›Moslem/Muslimin‹ kategorisieren und ihr alle Stereotype aufklatschen, die wir über Muslim*innen kennen, liegen wir mit nahezu 100%iger Wahrscheinlichkeit falsch. Aber auch Menschen, die als Muslim*innen kategorisiert werden, obwohl sie selbst gar keine Muslim*innen sind, sind Opfer antimuslimischen Rassismus, denn es geht beim Rassismus nicht darum, welche Merkmale eine Person tatsächlich hat, sondern nur darum, was ihr zugeschrieben wird.

Bei Rassismus geht es also um eine Konstruktion von Unterschieden, eine Allgemeingültigkeit betreffend (als solche wahrgenommener) Gruppenangehöriger. Es gibt unterschiedliche philosophische Ansätze dafür, wie man mit *race* umgehen sollte. Während manche die Meinung vertreten, dass es *race* in dieser Form gar nicht gibt und man sich daher – auch um dieses Konzept nicht konstant aufrecht zu erhalten – davon verabschieden sollte[30], meinen andere, dass *race* zwar an sich keine Legitimation zukommt, sich jedoch sehr wohl als soziales Konstrukt *real* auf die betroffenen Personen auswirkt, denn auch wenn es keine »Rassen« gibt, so gibt es dennoch rassifizierte, sich real für die Betroffenen auswirkende, Zuschreibungen. [31] Das sogenannte (‣) *Racial Profiling*, ist eine solche, für Betroffene demütigende, schmerzhafte und sehr reale Auswirkung. Eine Studie der *European Union Agency for Fundamental Rights*, kurz: FRA, die kontinuierlich Verletzungen des Diskriminierungsschutzes und Gleichheitsgebots der Mitgliedsstaaten aufzeigt, hat ergeben, dass in Österreich noch sehr explizites Racial Profiling durch die Polizei erfolgt. Demnach gaben durchschnittlich 25% der Befragten an, in den letzten 12 Monaten polizeilich kontrolliert worden zu sein. Bei den befragten Personen, die selbst oder deren Eltern aus dem Gebiet südlich der Sahara stammen, waren es demgegenüber 49%. Das bedeutet, dass fast die Hälfte der befragten Personen dieser Gruppe von der Polizei aufgehalten wurde. Stellen wir das einmal in einen Kontext: Ich besitze den Führerschein seit 2008 und fahre verhältnismäßig viel Auto. Ich wurde mein gesamtes Autofahrerinnenleben lang ein einziges (!) Mal von der Polizei kontrolliert. Aber diese Erfahrung hat gereicht, um zu wissen, dass es kein angenehmes Gefühl ist, Rechenschaft über sein Dasein im konkreten Moment ablegen zu müssen. Ein Mal. Im Auto. Die Befragten der Studie gaben hingegen an, dass sie überwiegend kontrolliert wurden, als sie zu Fuß unterwegs waren.[32] Nun habe ich in meinem privaten Umfeld immer wieder das Argument gehört, dass Racial Profiling schon seine Berechtigung hätte, denn bei gewissen Deliktsgruppen »seien manche Personen einfach überrepräsentiert«, weshalb diese Praxis auch aus einem Effizienz- und Ökonomiegesichtspunkt sinnvoll erschiene. Nun. Während ich nicht abstreiten möchte, dass es durchaus legitim ist, die Herkunft von straffälligen Personen zu erfassen (auch wenn hier höchste Vorsicht im Hinblick auf mögliche Verzerrungen geboten ist[33]), so handelt es sich dennoch um keine überzeugende Logik. Ist es nicht viel eher logisch, dass ich nur dort etwas finden kann, wo ich auch suche? Wenn im Schnitt 10% BIPoC und 10% weiße Personen Drogen mit sich herumtragen und es werden zehn BIPoC und keine Weißen auf Drogen hin aufgehalten und untersucht, bildet das Ergebnis die Realität nicht ab. Das Ergebnis ist eine verzerrte Wahrnehmung, die weiterhin rassistisches Vorgehen scheinbar rechtfertigt. Die einzelne Handlung des Polizisten der Racial Profiling betreibt funktioniert somit nur, wenn der Rassismus auch strukturell verankert ist.

Lassen wir zusammenfassend noch einmal Veronika Kourabas zu Wort kommen, weil sie Dinge einfach so gut auf den Punkt bringt: »Man kann (...) erst von Rassismus sprechen, wenn die gesellschaftliche Macht zur Durchsetzung und Etablierung von hierarchisierten und strukturell angesiedelten Unterscheidungen vorhanden ist. Wer verfügt also über die Macht, welches Wissen über wen zu produzieren und dieses Wissen gesellschaftlich akzeptabel werden zu lassen?«[34] Auf den Punkt gebracht, aber doch recht abstrakt. Wir werden uns dieser Machtdimension im Kapitel 4.2. noch einmal widmen.

2.3 Diskriminierung innerhalb und außerhalb rechtlicher Schranken

Diskriminierung lässt sich definitorisch weiter unterteilen, zwischen gesetzlich verbotener und nicht verbotener Diskriminierung bzw. ob ich mich rechtlich dagegen wehren kann, oder nicht. Wie viel Diskriminierung erlaubt ist oder von staatlichen Institutionen selbst praktiziert wird, ist von Staat zu Staat (und in föderalen Staaten teilweise auch von Bundesland zu Bundesland) unterschiedlich. Das heißt, wie stark der rechtliche Diskriminierungsschutz ausgestaltet ist, hängt großteils auch davon ab, wo sich die betroffene Person gerade befindet und in welchem Kontext die Diskriminierung passiert. Für EU-Mitgliedsstaaten gilt, dass dort zumindest die EU-rechtlichen Vorgaben innerstaatlich umgesetzt sein müssen.[35] Bestimmte EU-Mitgliedsstaaten weichen von diesen Vorgaben allerdings immer weiter ab. So sind die Beschneidungen der Rechte von (•) LGBTQIA+ Personen, die Polen und Ungarn eingeführt haben, so weitgehend, dass die EU ein Vertragsverletzungsverfahren gegen diese beiden Mitgliedsstaaten eingeleitet hat. Dies, aber auch die Zurücknahme von Abtreibungsrechten in unterschiedlichen Ländern, zeigt deutlich, dass nur, weil zu einem spezifischen Zeitpunkt bestimmte Rechte gesetzlich festgeschrieben sind, dies nicht bedeutet, dass sie nicht auch wieder entzogen werden können. Ein solcher ›Backlash‹ (Rückschlag), der im Verlust von Rechten liegt, kann sehr viel schneller gehen, als deren Erkämpfung gedauert hat, weshalb vehement und konsequent auf die Verletzungen solcher Rechte hingewiesen werden muss.

Die rechtliche Abgrenzung hilft dennoch dabei, eine gewisse Objektivierbarkeit in der Frage, was nun als Diskriminierung anzusehen ist, zu erhalten. Dabei dürfen allerdings zwei wesentliche Aspekte nicht übersehen werden: Einerseits ist die rechtliche Abgrenzung meist ausgesprochen eng und auch wenn Diskriminierung rechtlich geschützt ist, bedeutet das noch lange nicht, dass die praktische Umsetzung dieses Schutzes auch funktioniert. Andererseits werden wir – auch wenn der rechtliche Schutz ausgebaut wird – niemals jede Form der fehlenden Chancengleichheit mit rechtlichen Mitteln verhindern bzw. ausgleichen können. Auch andere Aspekte, die unser Leben massiv beeinflussen und einfach nicht fair verteilt (also oft schlichtweg ungerecht) sind, wie die Liebe, die wir als Kind erfahren haben, das dadurch ungleich entwickelte Urvertrauen und Selbstbewusstsein, die Anfälligkeiten für Krankheiten und vieles mehr, führen zu ungleichen Chancen, die nur durch eine erhöhte gesellschaftliche Empathie und ein Aufeinander Schauen ausgeglichen, nicht aber auf Richter*innenbänken entschieden werden können.

Nehmen wir Xaver. Er hat keine Geschwister und war als Kind oft alleine. Seine geschiedenen Eltern waren beide berufstätig und haben viel gearbeitet. Ihre Abwesenheit versuchten sie vor allem mit finanziellen Mitteln auszugleichen. Echtes und aufrichtiges Interesse an ihm, erfuhr er nicht. Er wuchs mit dem Glaubenssatz auf, dass er nur dann ›liebenswert‹ sei, wenn er ›funktioniert‹ und ›etwas leistet‹. Überhaupt war Leistung das einzige, womit er seinem Eindruck nach, die Aufmerksamkeit seiner Eltern erhalten konnte. Xaver fühlte sich nie in seinem *Sosein* gesehen und hatte lange keinen Bezug zu seinen eigentlichen Bedürfnissen, also dazu, was er sich wirklich wünscht. Lange hielt er auch seine Homosexualität vor seinen Eltern geheim, aus Angst, vor ihrer Reaktion. Demgegenüber Kai, der älteste von drei Kindern, dessen Mutter streckenweise Alleinverdienerin war, weil die Branche seines Vaters durch Projektarbeit gekennzeichnet ist. Seine Eltern, vor allem sein Vater, verbrachten viel Zeit mit den Kindern und schafften trotz der schwierigen Bedingungen ein liebevolles und sicheres Umfeld für sie. Kai wuchs mit dem Glaubenssatz auf, dass er gut ist, wie er ist und geliebt wird, egal was er macht oder leistet. Kai wird mit hoher Wahrscheinlichkeit viel angstbefreiter durchs Leben gehen als Xaver. Warum, sieht man von außen jedoch nicht. Natürlich würde man beiden Kindern einen sorgenfreien Start ins Leben wünschen (finanziell wie emotional) und dass dies nicht so ist, empfinden wir vermutlich in die ein oder andere Richtung als unfair. Rechtlich erfasst sind solche Formen der fehlenden Chancengleichheit aber nicht.

Die Trennlinie zwischen Diskriminierung und Ungerechtigkeit ist hier freilich nicht einfach zu ziehen. Die apodiktische Behauptung, »Diskriminierung ist verboten« stimmt in dieser Form aber jedenfalls nicht, denn es gibt viele Formen, die unter keine rechtlichen Tatbestände fallen. Für die negativen Effekte, die Diskriminierung auf eine betroffene Person hat, macht es natürlich wenig Unterschied, ob durch die Benachteiligung, die sie gemacht hat, ein rechtlicher Tatbestand erfüllt wurde oder nicht.

2.4 Unmittelbare und mittelbare Diskriminierung

Das österreichische und deutsche Antidiskriminierungsrecht (basierend auf europarechtlichen Grundlagen) definiert Diskriminierung anhand der Trennlinie zwischen unmittelbarer und mittelbarer Diskriminierung.

Demnach liegt eine unmittelbare Diskriminierung dann vor, wenn eine Person aufgrund eines geschützten Merkmals eine andere – nämlich benachteiligende – Behandlung erfährt, als eine andere Person (der dieses Merkmal nicht zugeschrieben wird) in einer vergleichbaren Situation erfahren hat oder erfahren würde. Eine mittelbare Diskriminierung liegt im Gegensatz dazu vor, wenn eine dem Anschein nach neutrale Gegebenheit Personen, die ein bestimmtes Merkmal aufweisen, im Gegensatz zu solchen, die das Merkmal nicht aufweisen, in der Praxis dennoch benachteiligt.[36]

Eine unmittelbare Diskriminierung aufgrund des Geschlechts besteht beispielsweise dann, wenn Frauen grundsätzlich weniger Gehalt für die gleiche Tätigkeit in einem Unternehmen erhalten als Männer.

Bei einer mittelbaren Diskriminierung wird dagegen auf ein vermeintlich objektives Kriterium abgestellt, das aber aufgrund der faktischen Lebensrealitäten, Personen, die einer bestimmten Gruppe angehören, stärker betrifft. In vielen Betrieben werden beispielsweise Teilzeitkräfte (also Personen, die nicht 40 Stunden oder mehr pro Woche arbeiten) in Aspekten wie Bezahlung von Überstunden, Home-Office-Möglichkeiten oder Sonderzahlungen/-leistungen, insbesondere aber auch bei der Aufgabenverteilung (wer bekommt die spannenden Projekte?) schlechter behandelt als Vollzeitkräfte. Da Teilzeitmitarbeitende überwiegend weiblich sind[37], handelt es sich dabei um eine mittelbare Diskriminierung gegenüber weiblichen Personen, insofern die benachteiligende Regelung nicht objektiv gerechtfertigt ist.[38]

Unlängst saß ich im Flieger nach Portugal, als eine Pilotin die Fluggäste begrüßte. Sofort fühlte ich mich sicherer (mein verinnerlichtes Stereotyp, dass Frauen verantwortungsbewusster und vorsichtiger sind als Männer, konnte sich also frei entfalten) und mir fiel auf, dass es das erste Mal war, dass ich bewusst mitbekam, dass eine Frau das Flugzeug steuerte. Pilot*in ist noch immer ein überwiegend männlich besetztes (und daher auch noch immer sehr gut bezahltes) Berufsfeld.[39] Dies könnte, neben den bestehenden Unterschieden in der Berufswahl von Mädchen und Jungs, auch an den Einstellungspraktiken der Fluglinien liegen. So hat ein deutsches Gericht im Fall einer Pilotin das Vorliegen einer mittelbaren Diskriminierung aufgrund des Geschlechts in folgendem Fall bejaht: Ein Flugunternehmen hatte sie aufgrund ihrer Größe von 1,63 m abgelehnt, da die (intern selbst erteilten) Sicherheitsvorgaben des Unternehmens eine Körpergröße von mindestens 1,65 m vorschrieben. Andere Fluglinien hatten hier kleinere Mindestgrößen angesetzt, eine gesetzliche Mindestgröße gab es nicht. Das Gericht sah hier eine mittelbare Diskriminierung aufgrund des Geschlechts als gegeben an, weil nur 3% der deutschen Männer aber 40% der deutschen Frauen kleiner als 1,65 m waren und diese interne Vorgabe der Fluglinie Frauen überproportional benachteiligte.[40] Diese mittelbare Diskriminierung von Frauen hatte also dazu geführt, dass sie schlechtere Chancen auf einen gut dotierten Job hatten.

Mittelbare Diskriminierung kann sich auch in vermeintlich ungeregelten Unternehmenspraktiken finden, die eine bestimmte Gruppe (wie Elternteile) benachteiligt. Ein Beispiel: Ein Unternehmen veranstaltet jeden Dienstag ab 19:00 Uhr ein After-Work-Get-Together. Natürlich wird dort nicht nur über Privates gesprochen. Im Gegenteil. Zwar ist diese Veranstaltung freiwillig (und die Teilnahme gilt dementsprechend auch nicht als Arbeitszeit), dennoch wird erwartet, dass die Mitarbeitenden zahlreich erscheinen. Für jene, die Kinder zu Hause haben (und sie nicht nur fremdbetreuen lassen wollen, denn nein, das ist nicht aller Vereinbarkeits-Rätsels Lösung), ist diese unternehmerische Erwartungshaltung, gelinde gesagt, suboptimal, wenn sie im Unternehmen Karriere machen möchten.

2.5 Gewollte und ungewollte *oder* bewusste und unbewusste Diskriminierung

Diskriminierung kann auch danach unterschieden werden, ob sie bewusst/gewollt oder unbewusst/ungewollt geschieht. Diese Formen könnten weiter unterteilt werden, etwa danach auf welcher Grundlage die Diskriminierung erfolgt (beispielsweise, ob sie auf Hass oder auf Vorurteilen gründet). Letztlich ist das allerdings aus meiner Sicht nicht notwendig, denn was für einen konstruktiven Diskurs zählt ist die Frage: Wusste die handelnde Person es besser und hat sich schlicht (ob aus Faulheit, Bösartigkeit, Hass oder Gruppenzwang) ihren Vorurteilen hingegeben oder hat sie nach bestem Wissen und Gewissen im Sinne der Diskriminierungsfreiheit gehandelt?

Ein Beispiel: Während die Aussage »geh zurück wo du herkommst« gegenüber einem deutschen BIPoC offen rassistisch ist, könnte die Bezeichnung ›dunkelhäutig‹ gegenüber einer Person, die sich selbst als ›Schwarz‹ bezeichnet, tatsächlich völlig wertfrei gemeint sein.

Zwar ist die Willenskomponente der diskriminierenden Person relevant für die Schwere der Vorwerfbarkeit, dennoch ist der Input (»Aber so war es doch gar nicht gemeint.«) nicht relevant für den diskriminierenden Output. Statt postwendend klarzustellen, dass man es ja nicht böse gemeint habe (und so zu vermitteln, dass die andere Person überempfindlich sei und damit ihr die Verantwortung zuzuschieben), sollten wir uns deshalb auf den Output konzentrieren, eine entsprechende Kritik annehmen und versuchen, sie zu verstehen. Anders werden wir beim Abbau von Diskriminierung nie weiterkommen.

Nehmen wir zum Beispiel Axel. Axel lernt die Transfrau Constanze kennen. Axel ordnet sich gesellschaftspolitisch links ein und ist auch in einer Partei aktiv. Er ist überzeugt, alle Menschen so anzunehmen, wie sie sind und keine Vorurteile zu haben. (Damit steht Axel ohnehin in einer Sackgasse, aber dazu später.) Axel lernt also Constanze kennen und nachdem sie sich vorgestellt haben, fragt Axel: »Seit wann bist Du denn eine Frau?« Constanze antwortet zurückhaltend, dass sie immer schon wusste, eine Frau zu sein, und dies nun eben auch lebt. »Ja, ja das verstehe ich«, sagt Axel, »aber sind die Umwandlungsoperationen schon abgeschlossen?« Wenn Constanze nun entgegnet, dass sie sein Verhalten als übergriffig empfindet, weil sie sich ja gerade erst kennengelernt haben, hat Axel zwei Möglichkeiten, zu reagieren:

Möglichkeit 1: Er kann die Kritik annehmen, sich entschuldigen und bemühen, ein anderes Gesprächsthema zu finden. Für die nächste Begegnung mit Constanze oder einer anderen Transperson weiß Axel dann, dass es nicht angebracht ist, ohne die Person näher zu kennen, solch intime Fragen zu stellen. (Hier sei angemerkt, dass Transpersonen ebenso wie alle anderen Menschen niemandem eine Erklärung über ihr Sexualleben oder das Aussehen ihrer Geschlechtsmerkmale schulden. NIEMANDEM!)

Möglichkeit 2: Axel reagiert pikiert. Ob Constanze behaupten wolle, er sei transfeindlich? Er behandle und respektiere alle Menschen gleich und lasse sich diesen Vorwurf sicher nicht bieten. Wütend stampft er ab. Constanze hat Axel nie als transfeindlich bezeichnet, sondern ihn auf ein grenzüberschreitendes Verhalten aufmerksam gemacht. Constanze sagt: »Ich empfinde dein Verhalten als übergriffig.« Axel hört: »Du bist transfeindlich!« und kommt sogleich in den Verteidigungsmodus. Was bleibt, sind verhärtete Fronten, zwei unzufriedene Menschen und kein Stückchen mehr Verständnis. Es ist selbsterklärend, dass Möglichkeit 1 hier die bevorzugte Variante darstellt.

An dieser Stelle stellt sich unweigerlich die Frage, ab wann es zulässig ist, einer Person, die sich diskriminierend verhält, dies auch vorzuwerfen. Wir alle bewegen uns in einer, von Diskriminierung geprägten Gesellschaft. Aber macht das alle jene, die nicht von der entsprechenden Diskriminierung betroffen sind zu Rassist*innen, Sexist*innen, homofeindlichen, transfeindlichen, (▸) Ableist*innen, (▸) Ageisti*nnen, (▸) Klassist*innen? Nein, das denke ich nicht. Es bedarf eines klaren Unterschieds zwischen diskriminierenden Handlungen und den Personen, die diese setzen. Gerade dann, wenn sie ohne negative Intention gesetzt werden, also keine bewussten negativen Vorurteile handlungsanleitend sind, sollte die Handlung, nicht aber die Person, verurteilt werden. Nur wo zieht man hier eine klare Trennlinie? Geht das überhaupt? Eine einfache Antwort gibt es nicht. Während gewisse Verhaltensweisen und Aussagen selbst bei einmaligem Vorkommen die (vielleicht auch bis dahin nicht erkennbare) Haltung der Person klar offenlegen, müssen in anderen Fällen für die Beurteilung mehrere Faktoren einbezogen werden. Persönlich bin ich der Meinung, dass eine Person diskriminierend und damit beispielsweise sexistisch handeln kann, ohne an sich ein*e Sexist*in zu sein. Denn bei diesem Begriff schwingt – für mich – immer auch ein Wollen, ein Bewusstsein mit und sei es auch nur der feste Glaube, es sei legitim, Menschen aufgrund ihres Geschlechts unterschiedlich zu behandeln. Andererseits ist es aber ebenso durchaus möglich, dass jemand, der sich nicht offen sexistisch verhält, tatsächlich ein*e Sexist*in ist, aber die gesellschaftlichen Codes, um diesen Umstand zu verstecken (etwa in dem fließend gegendert wird), perfekt beherrscht.

Somit kommen wir zur nächsten Unterscheidungsform: Ob es sich um eine offene oder versteckte Diskriminierung handelt.

2.6 Direkte und subtile *oder* offene und versteckte Diskriminierung

Für Diskriminierung bedarf es keiner aktiven, für die betroffene Person negativen Entscheidung oder expliziten Handlung. Spürbare Vorbehalte reichen aus, um das Leben der Beteiligten (negativ) zu beeinflussen.[41] Subtile Diskriminierung zeichnet sich dadurch aus, dass sie durchaus in Einklang zu bringen ist mit sozial erwartetem Verhalten, also nach außen hin versucht wird, die Vorbehalte in einen sozial adäquaten Mantel zu hüllen und damit die Abwertung auch nicht direkt kommuniziert wird. Beispielsweise, in den Aussagen »eine Gruppe sei nicht so leistungsstark« oder »sie vertrete nun völlig andere und unvereinbare Werte in Bezug auf Bildung oder die Gleichstellung von Mann und Frau.«[42] Auch die Betonung einer erreichten Gleichstellung und somit Chancengleichheit für jede Person, stellt die Anwendung subtiler Vorurteile dar, denn sie negiert die tatsächlich weiterhin bestehende strukturelle Diskriminierung. Dieser Verweis auf die Gleichheit aller Personen soll häufig auch dazu dienen, Forderungen für mehr Chancengerechtigkeit für bestimmte Gruppen, wie etwa eine Frauenquote, abzuwürgen. »Übersehen wird dabei, dass die entscheidenden Strukturen aber von Männern gemacht sind, an den Bedürfnissen von Männern orientiert sind und von Männern dominiert werden.«[43]

Ebenso kann die Bevorzugung von Mitgliedern der eigenen Gruppe eine subtile Diskriminierung gegenüber Angehörigen einer – aus meiner Sicht – Fremdgruppe darstellen, etwa wenn ich dem Sohn meines Freundes, derselben sozialen Herkunft wie ich, einen Praktikumsplatz verschaffe (den es aber an sich nicht gegeben hätte).

Die subtile Diskriminierung kann aber auch in Form eines Kompliments daherkommen: »Du sprichst aber toll Deutsch«, »Für eine Frau kannst Du wirklich gut Auto fahren.« oder aber »Du bist anders als andere Frauen/ andere Muslime/andere *setze Personengruppe ein, der man zugeschrieben wird*.« Nicht nur wird mit solchen ›Komplimenten‹ die ›Andersartigkeit‹ der angesprochenen Person betont, sondern die Gruppe, in die sie kategorisiert wird, gleichzeitig schlechtgeredet. Denn durch das positive Hervorheben des ›Andersseins‹ als ›die Anderen‹, werden diese automatisch herabgewürdigt. Eine bekannte Form einer solchen subtilen Diskriminierung finden wir im sogenannten (▸) wohlwollenden Sexismus. Ziel dieser Sexismusform ist es nicht, Frauen schlecht zu reden, sondern die Unterschiede der

Geschlechter zu betonen und damit aufrechtzuerhalten. Durchaus, indem die Vorzüge von Frauen hervorgehoben und sie gleichzeitig aber als hilfsbedürftiges, schwaches Geschlecht dargestellt werden. Beispielsweise, wenn angeboten wird, die harte Verhandlung für die Kollegin zu übernehmen, für sie zu einer Veranstaltung zu gehen oder auf Dienstreise zu fahren, weil sie doch sicherlich familienbedingt zu Hause bleiben möchte oder ähnliches. Gerade bei dieser Diskriminierungsform wird häufig damit argumentiert, dass es ja ganz anders gemeint war, als es angekommen ist. »Das war doch lieb gemeint, wie kann sie das als sexistisch auffassen?«

Auch Mikroaggressionen würde ich in die Kategorie der subtilen Diskriminierung einordnen. Dabei handelt es sich um kleine Gesten, meistens Äußerungen, die bewusst oder unbewusst auf Basis eines der betroffenen Person zugeschriebenen Merkmals[44] gesetzt werden.

Beispiele:

- Sara wird permanent von ihren Kollegen unterbrochen.
- Josie zeigt offen ihre Frustration darüber, dass sie die Beförderung nicht erhalten hat. Daraufhin wird sie im Meeting aufgefordert, »sich zu beruhigen«, »runterzukommen« und »nicht hysterisch« zu sein. Sie sehe das »zu emotional«.
- Mohammed wird beim Meeting von der Chefin sichtlich weniger euphorisch begrüßt als Klaus.
- Der Vorsitzende spricht Taminas Nachnamen konsequent falsch aus.
- Nathalie werden unverhältnismäßig oft untergeordnete (organisatorische) Arbeiten zugeteilt.
- Theresas Input wird überhört. Erst als ein männlicher Kollege die Idee – natürlich als seine ausgegeben – vorbringt, wird sie vom Teamchef angenommen.
- Deniz ist Österreicherin, dennoch wird sie ständig von Leuten, die sie kaum kennen, gefragt, woher sie ›eigentlich‹ kommt.

Subtile Diskriminierung schwächt und es ist sehr schwer, gegen sie vorzugehen. Einerseits, weil uns erfolgreich eingeredet wird, dass das konkrete Verhalten ja gar nichts mit Diskriminierung zu tun hat. Andererseits, weil Betroffene die dahinterliegende Botschaft und die damit verbundene Abwertung allzu oft internalisieren.

Ein Beispiel: Marie ist in einer großen Marketingagentur tätig. Sie hat gleichzeitig wie ihr männlicher Kollege Franz begonnen dort zu arbeiten. Marie ist ehrgeizig und fleißig. Bislang war sie immer gut in ihren Jobs und hat viele Projekte erfolgreich gemanagt, ihr Ziel ist die Zusammenarbeit mit Top-Marken. Aber in diesem Unternehmen wird ihr Selbstvertrauen von Tag zu Tag kleiner. Während Franz von Anfang an in spannende Projekte involviert, von den Partnern zum Mittagessen und zu wichtigen Kundenterminen mitgenommen wird, bekommt Marie – wenn überhaupt – nur Marktrecherchen und kleine Zuarbeiten zugeteilt. Sie ist unterfordert und gelangweilt, ihre Motivation sinkt, ihre Arbeit wird immer schlechter. Sie hat das Gefühl, sich nie beweisen zu können und übersehen zu werden. Als sie dies gegenüber ihrem Chef anspricht, beschwichtigt er sie, man sei sehr froh, sie bei sich zu haben, das käme ihr nur so vor, jede*r würde ab und an spannendere und weniger interessante Aufgaben erhalten. Sie bleibt und wird immer unglücklicher. Mit massiv weniger Selbstvertrauen, als zu Beginn ihrer Tätigkeit, verlässt sie schließlich das Unternehmen und wird Teil des Teams einer unternehmensinternen Marketingabteilung. Für die Karriere in einer Agentur scheint sie ja doch nicht geeignet zu sein.

Marie ist gleich mit zwei Problemen konfrontiert. Einerseits, mit der konsequenten, aber subtilen Diskriminierung ihres Umfelds, andererseits mit dem – sie zunehmend schwächenden – Glauben, sie selbst sei das Problem. Marie internalisiert, dass ihre Arbeit nicht wertgeschätzt wird, weil sie schlechter sei als jene ihres Kollegen. Dabei hatte sie bislang zu keinem Zeitpunkt die Möglichkeit, sich zu beweisen. Ihre Position, sich gegen das diskriminierende Verhalten zur Wehr zu setzen, wird kontinuierlich durch ihr schwindendes Selbstwertgefühl geschwächt. Wie lässt sich dieser Teufelskreis auflösen? Das ist nicht so einfach, weil wir alle gut darin sind, uns selbst aber auch anderen gegenüber, dort objektive Gründe vorzuschieben, wo eigentlich unsere mehr oder weniger unbewussten Vorurteile die Zügel fest in der Hand halten. Zudem eignet sich nicht jede Auflösungsmöglichkeit in jedem Kontext gleichermaßen. Im beruflichen Umfeld haben diskriminierte Personen ja auch immer mit dem Risiko zu kämpfen, dass das Ansprechen einer Diskriminierung nach hinten los geht und mit voller Wucht auf die Betroffene zurückknallt: Indem die eigene Wahrnehmungsfähigkeit abgesprochen wird, indem die diskriminierte Person als übersensibel oder paranoid dargestellt wird oder indem sich Kolleg*innen gegen sie wenden. Denn wo Diskriminierung aufgezeigt wird, ist (▸) Reviktimisierung nicht weit. Sie ist real und sie ist quälend. Wichtig ist in jedem Fall, sich der bestehenden Diskriminierungsmechanismen bewusst zu sein und zu versuchen, die eigene Leistung stets objektiv und nicht durch die Brille der Diskriminierenden zu beurteilen. Nur so kann die für die jeweilige Person und Situation bestmögliche Umgangsform gefunden werden.

2.7 Diskriminierung auf Basis unterschiedlicher Merkmale

Schließlich kann Diskriminierung auch nach dem Merkmal unterschieden werden, auf Basis dessen sie erfolgt – also warum eine Person diskriminiert wird. Wie ich bereits beschrieben habe, zeichnet sich jeder Mensch durch zahlreiche Diversitätsmerkmale aus, wobei nicht jedes Diversitätsmerkmal und nicht jegliche Diskriminierung in jeder Lebenssituation auch rechtlich geschützt ist. Der Schutz ist auf spezifische Diversitätsmerkmale in konkreten Kontexten (insbesondere die Arbeitswelt) beschränkt. Für manche Diversitätsmerkmale gibt es korrespondierende ›-ismen‹, für den Fall einer Diskriminierung: So wird die Diskriminierung aufgrund des Geschlechts Sexismus genannt. Diskriminierung aufgrund von Merkmalen wie Hautfarbe, Art der Kleidung, Nationalität, Sprache oder Akzent, durch die einer Person Fremdheit zugeschrieben wird, wird als Rassismus bezeichnet. Diskriminierung aufgrund des Alters wird Ageismus, Diskriminierung aufgrund einer Behinderung Ableismus, Diskriminierung aufgrund der sozialen Herkunft Klassismus und Diskriminierung aufgrund des Aussehens (▸) Lookismus genannt. Lediglich die Homofeindlichkeit als Abwertung und Diskriminierung von Personen aufgrund ihrer sexuellen Orientierung (wobei darunter auch weit mehr fallen kann als Diskriminierung homosexueller Menschen) und die Transfeindlichkeit (Abwertung aufgrund der Geschlechtsidentität) haben hier eine sprachliche Sonderstellung. Wenn sich dieses Buch überwiegend mit den Diskriminierungsformen Sexismus und Rassismus beschäftigt, so hat dies in keiner Weise damit zu tun, dass die anderen Diversitätsmerkmale weniger bedeutsam wären, sondern vielmehr damit, dass sie mir im Rahmen meiner Arbeit am häufigsten begegnen.

2.8 Ausgestaltung einer diskriminierungsfreien Welt: Identitätspolitik und Universalismus

Nun gibt es einerseits Menschen, die immer noch felsenfest behaupten, dass sie keine Vorurteile haben, und andererseits Konzepte, wonach jeder Mann aufgrund seiner Sozialisierung ein Sexist oder jede weiße Person ein*e Rassist*in ist. Beides erscheint mir falsch. Während die eine Gruppe (Vertreter*innen der Identitätspolitik) einen immer sensibleren Umgang mit ihrer persönlichen Individualität verlangt (und dabei das Gemeinsame wohl auch aus den Augen zu verlieren droht), negiert die andere Gruppe (Vertreter*innen des Universalismus), dass es überhaupt noch gesellschaftlich verankerte Diskriminierungsmechanismen gibt.

Im (‣) Universalismus wird davon ausgegangen, dass bereits eine Art gleiches Spielfeld geschaffen wurde und es lediglich punktuelle Diskriminierung gibt, gegen die im Einzelfall vorgegangen werden muss. Während das Ziel, eine solche universalistische Gesellschaft zu erreichen, ehrenhaft ist, stehen wir vor dem Problem, dass ein solches egalitäres Spielfeld schlicht noch nicht erreicht ist. Die Chancen, dass den Universalist*innen von Vertreter*innen der Identitätspolitik der Dialog verwehrt wird, weil sie sich übergangen, herabgewürdigt, belästigt oder sogar bedroht fühlen, stehen daher gut. Es ist offensichtlich, dass beide Herangehensweisen nicht darauf abzielen, sich auf einen Diskurs auf Augenhöhe einzulassen.

Unter dem Begriff der (‣) Identitätspolitik werden Interessen von Personengruppen berücksichtigt, die wiederum nach Diversitätsmerkmalen kategorisiert werden. Das erscheint auf den ersten Blick kontraproduktiv, weil ja das Ziel eine diskriminierungsfreie Gesellschaft ist, in der jede*r so sein kann, wie er*sie ist, ohne dass die Bezugnahme auf eine bestimmte ›Kategorie‹ erforderlich ist. Allerdings müssen wir zunächst auf die bestehenden Ungleichbehandlungen, die auf Basis solcher Kategorisierungen passieren, hinweisen, ansonsten können wir sie nicht im Sinne eines echten Universalismus überwinden. In den Bemühungen um Diskriminierungsfreiheit, muss also zunächst auf die Diskriminierung hingewiesen werden, um diese in einem nächsten Schritt abbauen zu können. Während das Ziel eine diskriminierungsfreie Gesellschaft ist, in der Diversitätsmerkmale eben keinen Einfluss auf die Erfahrungen haben, die wir machen, muss auf dem Weg dorthin, auf die Differenzierung, die dieses Ziel behindern, also zunächst hingewiesen werden. Natürlich besteht hier die Gefahr, dass durch dieses Hinweisen auf die – zur Diskriminierung führende – Differenz, die Wahrnehmung derselben verstärkt wird. Dieses ›Differenzdilemma‹ ist in der Debatte um Diskriminierung bekannt und ein Paradox, mit dem wir arbeiten müssen.

Als Frau habe ich es mir nicht ausgesucht, dass von mir erwartet wird, die Hauptbetreuung der Kinder zu übernehmen, dass ich als ›Kampfemanze‹ bezeichnet werde, wenn ich vehement für mein Recht und das Recht anderer Frauen eintrete, dass sexuelle Handlungen nur mit meinem ausdrücklichen Einverständnis zulässig sein dürfen, oder dass mir aufgrund meines Frauseins bestimmte Eigenschaften zu- und andere abgesprochen werden. Natürlich *muss* ich diese diskriminierenden Ungerechtigkeiten unter der Betonung meines Frauseins sichtbar machen, um sie bekämpfen zu können. Genauso und nicht anders ist dies bei anderen Diversitätsmerkmalen auf Basis derer Personen diskriminierende Benachteiligungen erfahren haben. Diversitätsmerkmale, die zu Kategorisierungen geführt haben, die sie sich nicht ausgesucht haben und nun betont werden, um sich dagegen zur Wehr zu setzen. Betroffenen solcher Kategorisierungen nun vorzuwerfen, sich nicht für ›die Rechte der Allgemeinheit‹ einzusetzen, ist unfair und selbstgerecht. Wir sind eben noch nicht dort angekommen, wo jede*r unter denselben Voraussetzungen sein*ihr Leben führen kann, formale Gleichbehandlung führt noch nicht dazu, dass wirklich alle faktisch gleichbehandelt werden und Chancengleichheit besteht. Mein Geschlecht, meine Muttersprache, meine Behinderung, meine sexuelle Orientierung, meine soziale Herkunft… – all das bedingt, ob ich in die gesellschaftlichen Strukturen passe, oder ich mich erst passend machen muss. Wir sind weit davon entfernt, alle so anzuerkennen, wie sie sind, außerhalb starrer Identitätskonzepte. Vielmehr dürfen wir hoffen, dass unsere ›Abweichungen‹ der Norm ›toleriert‹ werden. Aber Toleranz als Erlaubnis oder Duldung verstanden, ist eben keine wertschätzende Anerkennung im *Sosein* einer jeden Person, die es für eine faktische Gleichberechtigung so dringend benötigt.[45] Kastner/Susemichel schreiben dazu:

> »Wenn also Diskriminierung und Unterdrückung immer und ausschließlich kollektiv funktionieren, liegt es nahe, sich auch kollektiv dagegen zur Wehr zu setzen. Doch als Kollektiv auf die gemeinsam erlebte Unterdrückung zu reagieren, setzt zunächst die Akzeptanz dieser fremdbestimmten Zuordnung und Zugehörigkeit voraus. (…) Die erfahrene Unterordnung samt der abwertenden Attribute sollen zu einer nun selbstgewählten und selbstermächtigenden, positiv konnotierten Kollektividentität werden.«[46]

Sie weisen dabei auf die Gefahr der Essentialisierung hin, also darauf, dass bestimmte Fremdzuschreibungen zu einem »notwendigen Wesensmerkmal« erklärt werden, um einer bestimmten kollektiven Identität auch nach Innen anzugehören.[47]

Nun wird aber immer häufiger (vor allem, aber nicht nur, aus dem Eck der Universalist*innen) der Vorwurf erhoben, dass Aktivist*innen es selbst mit der Kategorisierung übertreiben würden und es nur noch um individuelle Identitäten gehe, bei denen das Wohl der Allgemeinheit als Ziel, aber eben auch die kollektive Identität[48], keinen Platz mehr habe. Hinzukommt, dass es bei der Sichtbarmachung von Kategorisierung auch zu der komplexen Situation kommen kann, dass eine Abgrenzung der einzelnen Merkmale gar nicht so einfach ist. Die französische Feministin Caroline Fourest schreibt in ihrer Kritik »Generation Beleidigt« darüber sehr zugespitzt:

> »Innerhalb nur weniger Jahrzehnte entwickelte sich die Identitätspolitik von einer Sichtbarmachung von Minderheiten zu einer Methode der Klassifikation, einer Politik der Anerkennung, die nur leider allzu oft zu einer Verstärkung des Ressentiments führt. (...) Dies gilt umso mehr, als die wirklichen Diskriminierungen in den letzten Jahren zurückgegangen sind. Ganz so, als hätten sie Angst, arbeitslos zu werden, stürzen sich professionelle Aktivisten auf belanglose Nebenschauplätze, um sie polemisch aufzublähen und zu übertreiben.«[49]

Auch Jan Feddersen und Philipp Gessler kritisieren in ihrem Werk »Kampf der Identitäten«, dass Identitätspolitik, in der Identitäten essenzialisiert und notwendige Debatten verhindert werden, unvereinbar ist, mit einem universalistischen Weltbild.[50]

Liest man diese (und viel andere) Kritik an der sogenannten ›Identitätspolitik‹ so bekommt man den Eindruck, dass wir grundsätzlich schon eine solche Diskriminierungsfreiheit erreicht hätten, dass jede*r, unabhängig von den eigenen Diversitätsmerkmalen, sein kann, wie er*sie will, und lediglich der spaltende identitätspolitische Aktivismus hier künstlich Probleme herbeiredet. Zwar ist es richtig, dass Diskriminierungserfahrungen rückgängig sind und die Quantität, mit der über Diskriminierungserfahrungen berichtet wird, diesen tatsächlichen Rückgang nicht widerspiegelt.[51] Verschwunden ist Diskriminierung deswegen noch nicht, oft kommt sie auch einfach im politisch korrekten Schafspelz daher. So sehr wir den Universalismus als Ziel nicht aus den Augen verlieren dürfen, indem – zu Recht kritisierte – individualisierte, auf Differenz basierende und auch ausschließende Identitätsdebatten geführt werden, die tatsächlich weder fruchtbringend noch sinnvoll, sondern oft eitel, exklusiv und elitär sind, so sehr dürfen wir nicht negieren, dass jetzt noch nicht der Zeitpunkt gekommen ist, für ein ausschließlich universalistisches Gleichbehandlungskonzept. Dies ist erst dann der Fall, wenn weiß, männlich, mittelalt und ohne Behinderung nur als eine von vielen Ausprägungen von ›normal‹ angesehen wird und die Geburt nicht mehr den wesentlichsten Baustein für die sozioökonomischen Bedingungen des restlichen Lebens darstellt. Denn noch stehen wir vor der Situation, dass bestimmte Privilegien – die gar nicht als solche empfunden werden – Voraussetzung dafür sind, von dem geforderten ›Universalismus‹ profitieren zu können. Dieser Universalismus also nicht darauf aus ist, die bestehenden Unterdrückungsverhältnisse[52] zu verändern, indem er sich an den Bedürfnissen der Schwächsten orientiert, sondern darauf, im bestehenden System Gleiches gleich zu behandeln. Das reicht allerdings erst aus, wenn wir auch Ungleiches den Bedürfnissen entsprechend ungleich behandeln und auf Demütigung basierende Ausbeutung verunmöglicht wird. Hierfür müssen wir die Stereotypen, die unsere gesellschaftlichen Strukturen beeinflussen (und wiederum von ihnen beeinflusst werden) überwinden und bestehende Glaubenssätze und Vorurteile als Gesellschaft verlernen. Dabei kann es hilfreich sein, sich auf die Gemeinsamkeiten im Pool der Diversitätsmerkmale zu konzentrieren, statt auf die Unterschiede und gleichzeitig Differenzen untereinander nicht als Grundlage für fehlende Solidarität heranziehen. Denn das hilft letztlich nur dabei, bestehende Machtverhältnisse aufrechtzuerhalten. Jedenfalls nicht hilfreich erscheint es mir im Kampf für ein solidarisches Miteinander, in dem Differenzen und Diversität tatsächlich wahrgenommen, gefeiert und angenommen werden, weitere Kategorisierungen vorzunehmen.

Es ist unfair, dass manche Menschen nicht dieselben schmerzhaften Erfahrungen machen müssen, wie andere. Und es ist schwer zu akzeptieren. Dass Chancengleichheit eine Mär ist, sollte mittlerweile angekommen sein, aber, dass wir diesen Umstand nicht durch pauschale (einseitige) Schuldzuweisung ändern können, ebenso. Wenn wir echte Veränderung wollen, und es nicht nur darum geht, einfach Recht zu haben, werden wir anfangen müssen auf Augenhöhe miteinander zu kommunizieren. Denn auch wenn das Talionsprinzip (»Aug um Aug, Zahn um Zahn«) reizvoll ist, bringt es tatsächlich nur Verlierende hervor. Das Gefühl nicht dazuzugehören, ist nie schön oder angenehm, egal aus welchem Grund. Wenn Mohamed Amjahid in seinem Buch *Der weiße Fleck* als eine von fünf (reichlich pauschalisierten) Empfehlungen »an denen man sich als weiße und/oder mehrfach privilegierte Person orientieren kann, um eine Süßkartoffel zu werden« empfiehlt, »nichtweiße Safer Spaces [zu respektieren], also jene Räume, in die sich einige People of Color zurückziehen und unter sich bleiben wollen – egal ob sie sich dort politisch organisieren oder einfach nur relaxen wollen. Als weiße Person unbedingt in diese Räume (Bars, Vereine, Freundeskreise...) eindringen zu wollen, nimmt BIPoCs die Möglichkeit, sich stressfrei auszutauschen und sich zu regenerieren«[53], drängt sich die Frage nach der Zielrichtung einer solchen Aufforderung samt Kategorisierung auf. (Ganz offensichtlich kickt bei mir bei solchen Aussagen die (‣) *white fragility* voll rein.) Ich bin keine BIPoC, sondern – in Amjahids Kategorisierung – eine ›Kartoffel‹ (wenn ich Glück habe, eine ›Süßkartoffel‹). Es ist mir egal, wenn mich kindische Jugendliche so oder ›Bioösterreicherin‹ nennen, mir fehlt nur jegliches Verständnis dafür, dass in einer Debatte, in der es um die Überwindung von Kategorisierungen geht, von Expert*innen in diesem Bereich neuerlich mit solchen (zudem abwertenden) gearbeitet wird. Nur weil ich die Wut, die aus jahrelanger Demütigung entspringt, verstehe, heißt das nicht, dass ich akzeptieren kann, dass sie mit neuen Kategorisierungen beantwortet wird, auf die wiederum mit Gegenwehr reagiert wird. Wohin soll das führen? Wenn wir uns auf gemeinsame Werte und Ziele einigen könnten, wäre es um so vieles einfacher, konstruktiv an deren Erreichung zu arbeiten. Dabei kann es von jeder Seite zu Handlungen kommen, die von der jeweils anderen als Fehler betrachtet werden. Das mindert den Wert der Bemühungen, vor allem aber der dahinterstehenden Person, nicht. Wieso sollte Kategorisierung weiterbringen, wenn sie sich gegen eine Mehrheit richtet? Auch Angehörige der (‣) Dominanzgesellschaft haben den legitimen Anspruch, als Individuen gesehen und bewertet zu werden. Schaffen wir es so besser, einander zuzuhören? Ich glaube nicht. Letztlich wollen wir doch alle anerkannt werden in dem, wie wir sind, und frei sagen dürfen, was wir denken. Auch die pauschale Aufforderung, Weiße sollen die Safer Spaces von PoC akzeptieren, sehe ich persönlich kritisch. Natürlich ist es in bestimmten Situationen absolut notwendig, Safer Spaces für besonders vulnerable Gruppen zu schaffen, wie beispielsweise Frauenhäuser oder Beratungsgruppen für von rassistischer Gewalt betroffenen Personen. Aber die Behauptung, dass jede »Kartoffel« PoC – unabhängig vom zu bearbeitenden Thema in diesem Safer Space – »stressen« und sie in ihrer Anwesenheit nicht »relaxen« können, erscheint mir spaltend.

›Identitätspolitik‹ gibt es grundsätzlich von links und von rechts (man denke hier allein an den Namen der Gruppierung *Identitäre Bewegung*), wobei sie meist eine andere Zielrichtung verfolgen: Während die eine Gruppe auf die (ihr zugeschriebene) Identität hinweist, um so zu zeigen, inwieweit die vorgefundenen Strukturen für sie benachteiligend wirken, definiert die andere Gruppe eine kollektive Identität, ein ›Innen‹, das von einem ›Außen‹, also Personen, die diese Identitätsmerkmale nicht teilen, gefährdet wird. »Es gibt keinen Populismus, der ohne eine bestimmte Form von Identitätspolitik auskommt – nämlich eine, die primär dem Ausschluss anderer dient.«[54] Es braucht stets das ›Wir‹ und ›die Anderen‹. In der Studie Hassliebe: Muslimfeindlichkeit, Islamismus und die Spirale gesellschaftlicher Polarisierung[55], wurde die Wechselwirkung zwischen Rechtsextremismus und radikalem Islamismus in Deutschland herausgearbeitet, die beide mit einer solch ausschließenden, nach innen gerichteten Identitätspolitik arbeiten. Beide benutzen exklusive Identitätspolitik durch »Ausgrenzung und Dämonisierung von Fremdgruppen« um ihre Ziele durchzusetzen. Dabei wird deutlich, dass Ausgrenzungserfahrungen von Muslim*innen den dschihadistischen Gruppen nützen, wie ein dort angeführtes Zitat des Dschihadisten Omar Bakri Muhammad verdeutlicht: »Wenn es im Westen keinen Rassismus gäbe, dann hätten die Leute keinen Identitätskonflikt (...). Wenn sie Benachteiligung erfahren, dann beginnen sie, über die eigene Situation nachzudenken. Wenn es keine Diskriminierung und keinen Rassismus gäbe, wäre es für uns schwierig.«[56] Zusammengefasst heißt das: Je vehementer die Ablehnung gegen eine Gruppe erfolgt, desto höher ist die Wahrscheinlichkeit, dass sich die ausgeschlossenen Personen selbst von dieser ablehnenden Gruppe abgrenzen, möglicherweise bis hin zur Radikalisierung.

2.9 Ein Rundgang durch Diskriminierungsfacetten

Diskriminierung ist theoretisch kompliziert und durchzogen von Diskrepanzen und Paradoxien, für Betroffene aber vor allem fühlbar, schmerzhaft und, sehr real. Lassen Sie uns einen kleinen gedanklichen Rundgang machen:

Im ersten Raum sehen Sie einen Haufen Papier, Zeitungsartikel, Presseaussendungen, Statistiken. Das sind die Fakten. Über Diskriminierungserfahrungen, Arbeitsplatzchancen (von Karriere brauchen wir noch gar nicht zu reden), Gesundheit oder dem realen Zugang zu Bildung. Unter anderem finden Sie in diesem Zimmer folgende Informationen:

- »Rassendiskriminierung und rassistisch motivierte Belästigungen sind in der gesamten Europäischen Union weiterhin an der Tagesordnung.«[57]
- »Drei Viertel der Frauen (74,2 %) und ein Viertel der Männer (27,2 %) wurden im Erwachsenenalter schon einmal sexuell belästigt.«[58]
- »Jugendliche mit ausländischen Wurzeln müssen deutlich mehr Bewerbungen schreiben, um zu einem Vorstellungsgespräch eingeladen zu werden.«[59]
- »Für Kinder, deren Eltern einen niedrigen formalen Bildungsabschluss haben, ist es vergleichsweise schwierig, einen Bildungsabschluss einer höheren Schule oder Universität zu erreichen. Bildungschancen werden in Österreich nach wie vor zu einem großen Teil ›vererbt‹.«[60]
- »In Deutschland hängt der soziale Status einer Person maßgeblich vom sozialen Status der Vorfahren ab.«[61]
- »Die Chance für ein Kind, dessen Eltern geringqualifiziert sind und in Armut leben, ein Studium zu beginnen, ist rein statistisch zwei Drittel niedriger als für ein Akademikerkind.«[62]
- »[M]it den traditionellen Tests [werden] vor allem bei jüngeren Frauen Herzinfarkte leichter übersehen (...). Der Grund: Die geltenden wissenschaftlichen Erkenntnisse über koronare Herzerkrankungen basieren in erster Linie auf Studien über Männer.«[63]
- »Die Überlebens-Chancen von Kindern sind sehr ungleich und hängen stark davon ab, in welcher Weltregion ein Kind geboren wird. (...) Alle Länder, die eine Kindersterblichkeitsrate von über 100 haben – wo also durchschnittlich mehr als jedes zehnte Kind stirbt – liegen in Subsahara-Afrika.«[64]

Nun betreten wir den nächsten Raum. Er ist bunt, laute Musik dröhnt aus den Boxen. In Neonfarben lesen Sie an die Wand projiziert »We are PRIDE«. Ihre Stimmung wandelt sich umgehend, Sie sind gut drauf, die positiven Vibes ansteckend. Das Leben ist im Grunde doch gut, Diversität ist schön.

Leider wird das Endorphin-Level im nächsten Raum wieder sinken. Hier sehen wir einen grimmigen AFD-Politiker, eine aufgeregte FPÖ-Politikerin und dazwischen irren Anhänger*innen der *Identitären Bewegung* herum. Der Raum ist dunkel. Die Energie ist schlecht, Sie fühlen sich beklommen. Sie zucken zusammen, als Sie die Begriffe hören, die durch den Raum schallen. So etwas darf man doch längst nicht mehr sagen, dachten Sie. Oder doch? Als hätten sie Ihre Gedanken gehört, drehen sich plötzlich alle im Raum um, blicken Sie an und brüllen im Chor »WIR LASSEN UNS NICHT DEN MUND VERBIETEN! KEINE MACHT DER SPRACHPOLIZEI.« Sie bekommen Angst, der Hass in den Augen fühlt sich sehr real an. Schnell gehen wir in den nächsten Raum.

Der Raum ist in cremefarben gehalten, es sieht aus wie ein Bild eines dieser unzähligen Instagram-Profile, die alle speziell sein wollen, aber doch irgendwie gleich sind. Wir sehen drei Frauen, eine Schwarze, eine Weiße und eine Frau mit Hijab. Wir kommen etwas näher und entdecken auch einen Mann. Er ist weiß und um die 50. Langsam können wir hören, worüber sich die vier Personen unterhalten. Dabei bemerken wir, dass die drei Frauen auf den Mann einreden, er müsse seine Privilegien erkennen. Als Mann und als Weißer könne er ihre Lebensrealitäten nie verstehen und sie seien auch nicht gewillt, sie ihm zu erklären. Als der Mann dazu ansetzt, etwas zu antworten, sagt eine der Frauen in bestimmendem Tonfall »Er will es wohl einfach nicht verstehen. Es geht nicht um dich, akzeptiere endlich, dass dir hier keine Sprecherposition zukommt.« Der Mann versucht neuerlich, zur Frau mit Hijab gewandt, anzusetzen, aber diese lässt ihn nicht zu Wort kommen und spricht dabei jedes Wort überdeutlich aus: »Es ist meine persönliche Entscheidung. Ich. Will. Und. Werde. Das. Nicht. Erklären. Und schon gar keinem weißen, privilegierten Mann.«

Wir spüren Unbehagen, die weitere Diskussion kann nur unangenehm werden, also verlassen wir diesen und gehen in den nächsten, den letzten Raum.

Hier sitzen fünf Männer um einen Tisch herum. Der Mann am Kopfende des Tischs, hält den anderen einen Vortrag darüber, dass er vom Aufsichtsrat zunehmend Druck bekommt »wegen der Frauensache«. Es sei geplant, sich ein internes Ziel von zumindest 30% weiblicher Führungskräfte bis 2030 zu setzen. »Das ist doch Wahnsinn«, kommentiert ein anderer und lehnt sich dabei weit nach vorne, die Ellbogen auseinandergestreckt. »So viele Frauen, die das können, finden wir doch nie in so kurzer Zeit«. »Ja«, sagt der kleine Mann, 45 und selbst Vater von vier Kindern, neben ihm »und woher sollen wir sie nehmen? Spätestens wenn sie Kinder bekommen, sind sie ja nicht mehr voll einsetzbar.« »Ich schlage vor«, antwortet nun wieder der Vorsitzende »wir setzen kommendes Jahr unseren Themenfokus auf Gender Diversity, dann haben wir guten Willen gezeigt. Wir könnten in einem ersten Schritt eine Diversity Beauftragte einstellen, die kann sich um die Kampagne kümmern.« Die fünf Männer nicken zufrieden.

Diskriminierung – und der Umgang damit – hat viele Facetten und es ist oft nicht einfach, pauschale Aussagen darüber zu treffen. Es zeigt sich auch, an wie vielen Stellschrauben gedreht werden muss, um dem Ziel einer diskriminierungsfreien Gesellschaft näher zu kommen. Der Weg zu diesem Ziel ist kein gerader und auch keine Einbahnstraße. Er ist vielspurig, es gibt Staus, vielleicht auch Unfälle und viele Hindernisse, die es zu überwinden gilt. Ein wesentliches solches Hindernis stellen tief verankerte Glaubenssätze über andere Menschen dar, die wir erst loswerden können, wenn wir anerkennen, dass wir nicht frei von ihnen sind. Doch wenn uns Diskriminierungsfreiheit und Chancengerechtigkeit ehrliche Anliegen sind, kommen wir nicht umhin, uns mit ihnen auseinanderzusetzen.

3 Wieso Vorurteile uns nicht zu schlechten Menschen machen, sie unreflektiert zu übernehmen womöglich schon

3.1 Allgemeines

Unsere Psyche spielt bei Diskriminierung eine entscheidende Rolle, und zwar auch dann, wenn wir gar nicht diskriminieren wollen und der Meinung sind, auch nicht von den omnipräsenten Stereotypen und Vorurteilen um uns herum beeinflusst zu werden. Es wäre gelinde gesagt absurd, davon auszugehen, dass wir gerade im zwischenmenschlichen Kontext die Fähigkeit besitzen, rein rational zu agieren und psychische Effekt auszuschließen. Wir werden nicht im luftleeren Raum sozialisiert und erzogen, sondern finden im vorgefundenen sozialen Raum (irgendwie, meist im Rahmen eines recht schmerzvollen Prozesses des Erwachsenenwerdens) unseren Platz und versuchen, die gegebenen Strukturen zu rechtfertigen, um mit der darin vorgefunden Ungerechtigkeit leben zu können.

Aber fangen wir von vorne an. Im Zusammenhang mit Diskriminierung fallen häufig die Begriffe (‣) Vorurteile, (‣) Stereotype und (‣) *(Unconscious) Bias* (unbewusste kognitive Verzerrungen). Sie sind recht negativ konnotiert, weshalb wir gerne von uns behaupten, dass wir sie nicht besitzen. Wenn ich folgende Aussagen bei meinen Kund*innen höre, ist klar, der Weg ist noch lang:

- »Wir haben hier absolut kein Problem mit Diskriminierung. Jede*r wird so respektiert wie er [sic] ist.«
  (XY GmbH, Führungsposten zu 95% männlich und weiß, Stabstellen Recht, HR und Finanzen sind weiblich und weiß besetzt.)
- »Wir würden ja Personen mit Migrationshintergrund anstellen. Es bewerben sich nur keine. (Pause) Und die, die sich bewerben, sind leider nicht geeignet.«
  (Hier sollte die Alarmglocke schrill (‣) »Eigengruppenfavorisierung« rufen.)
- »Kinder brauchen nun mal im ersten Lebensjahr ihre Mutter.«
  (Ein Satz, der schon vielen Müttern die Karriere gekostet und unqualifizierten Männern ermöglicht hat, genau diese zu machen.)

- »Diese Arbeit ist mit der Familie schlicht nicht vereinbar.«
  (Betrachten wir es nüchtern: Familie ist mit Arbeit, wie sie derzeit gelebt wird, meist nicht vereinbar. Das gilt sowohl für engagierte Mütter als auch Väter. Das müsste nicht sein, wenn man sich als Normmodell einer arbeitenden Person nicht einen weißen Mann, ohne Behinderung vorstellt, der keine Betreuungs- oder Pflegeverpflichtungen für seine Kinder übernimmt, sondern sich an der Mehrheit der Bevölkerung orientieren würde.)
- »Hier braucht es einfach männliche Durchsetzungskraft [oder ähnlicher Unsinn], das hat mit Diskriminierung überhaupt nichts zu tun.«
  (Einerseits wird in der Aussage die stereotype Vorstellung, Durchsetzungskraft sei eine männliche Eigenschaft, deutlich. Andererseits wäre jedenfalls zu hinterfragen, ob die Voraussetzung »Durchsetzungskraft« tatsächlich erforderlich oder, entsprechend einer unhinterfragten Normvorstellung, vorausgesetzt wird.)
- »Sie ist Schwarz und so eine kluge Person.«
  (Wieso wird das in einem Satz gesagt? Wieso spielt ihre Hautfarbe hier überhaupt eine Rolle?)
- *Platz für unendlich viele weitere Sprüche*

Aber woher kommen diese erlernten Wahrnehmungsverzerrungen?

3.2 Wie wir lernen, was wir wahrnehmen

Meine Schulungen zu Diskriminierungsschutz am Arbeitsplatz beginne ich gern mit den Worten: »Wir alle sind von den Stereotypen um uns herum beeinflusst, aber wir sind ihnen nicht ausgeliefert. Solange wir das nicht einsehen, hat diese und jede weitere Schulung keinen Zweck.« Wenn es gut läuft, sind die Teilnehmenden verwundert über dieses Statement, wenn es nicht so gut läuft, sind sie empört. Jedenfalls aber können viele damit zunächst nichts anfangen, weil wir zumeist immer noch in zwei großen Kategorien denken. Erstens: Personen, die Vorurteile gegenüber bestimmten Personengruppen haben und diese auch offen kommunizieren. Zweitens: Personen, die keine Vorurteile haben und alle Menschen, unabhängig von bestimmten Merkmalen wie der Hautfarbe oder des Geschlechts, gleichbehandeln. »Das Geschlecht ist mir egal, wichtig ist mir, was die Person leistet«, wäre ein klassischer Satz einer solch vermeintlich ›vorurteilsfreien‹ Person. Naheliegenderweise möchten Seminarteilnehmer*innen in aller Regel nicht als Teil der ersten Gruppe, also als offen rassistisch, sexistisch o.ä. agierende Person, wahrgenommen werden. Sie fühlen sich von meinem Statement daher angegriffen. Doch die Wahrheit ist, nicht einmal Eltern schaffen es, alle ihre Kinder gleich zu behandeln. Wieso sollte ich mich dann bei einer Person, die mir bei Weitem nicht so nahesteht, nicht aus Bequemlichkeit von meinem Bauchgefühl leiten lassen – bzw. von Stereotypen, die ich für meinen persönlichen Eindruck halte?

Ich fordere die Teilnehmenden dann auf, Stereotype über Frauen, Männer, Österreicher*innen, Deutsche und Italiener*innen zu sammeln. Stets sage ich dazu, dass es nicht darum geht jene zu finden, welche sie selbst *glauben*, sondern nur um die, die sie *kennen*. Anschließend lese ich die gesammelten Stereotype vor und fordere sie auf »STOPP« zu rufen, wenn eines dabei ist, das sie so noch nie gehört haben. Das klingt dann etwa so:

– *Frauen: fürsorglich, emotional, können nicht Auto fahren, kümmern sich um die Kinder, schön, mathematisch nicht begabt, technisch nicht begabt, schwach …*
– *Männer: können gut Autofahren, technisch begabt, mathematisch begabt, Grillmeister, trinken Bier, stark, Ernährer, machen Karriere, kompetitiv …*
– *Österreicher*innen: mürrisch, essen Schweinsbraten, können Ski-Fahren, launisch, laufen in Dirndl herum, lieben Berge …*
– *Deutsche: pünktlich, genau, humorfrei, Nazis, zuverlässig, streng …*
– *Italiener*innen: Machos, Mafiosi, lieben gutes Essen, trinken Rotwein, kommen zu spät, sind laut, klein, Familienmenschen …*

Stille. Nicht nur kommen manche Stereotype gleich mehrfach vor (ganz groß bei Männern sind die Grillmeister und bei Frauen das Nicht-Auto-Fahren-können), es wird so gut wie nie STOPP gerufen. Aktiv kann ich mich nur daran erinnern, dass jemand STOPP rief, als Italiener*innen ›Revoluzzertum‹ zugeschrieben wurde.

Wir haben also ein deckungsgleiches Wissen über Stereotype, das tief in unserer Gesellschaft verankert ist und diese auch prägt. Der deutsche Journalist und Publizist Mark Terkessidis hat dies im Zusammenhang mit Rassismus als »rassistisches Wissen« bezeichnet.[65] Ein solches liegt etwa dann vor, wenn die Schüler*innen Eva und Kurt zwar beide etwa gleich viele Stereotype gegenüber Schwarzen, nicht aber ansatzweiser gleich gut die Landeshauptstädte oder die letzten WM-Siegermannschaften aufzählen können. Im ersten Fall teilen sie ein etwa gleich breites Wissen, dass so bei kaum einem anderen Thema vorhanden ist.[66] Schaffen wir es wirklich, davon unbeeinflusst zu bleiben? Anders als etwa Wissen über Biologie, die Mechanik oder höhere Mathematik, müssen wir stereotypes Wissen nicht aktiv erlernen. Im Gegenteil, auch wenn wir es gar nicht lernen *wollen* oder mit aller Kraft versuchen, zu verhindern, dass unsere Kinder es erlernen, nisten sich Stereotype in unseren Köpfen ein, ganz unbemerkt und leise, krallen sie sich dann dort fest. Sind sie einmal so stark verankert, dass sie unsere Wahrnehmungsfähigkeit beeinflussen, ist es sehr harte – aktive – Arbeit, sie wieder los zu werden. Denn Stereotype haben auch etwas Angenehmes, sie helfen uns, Menschen zu kategorisieren, insbesondere dann, wenn wir sie gar nicht kennen. Oft leiten sie uns dabei allerdings fehl: »Wenn wir uns unser Bewusstsein als einen Gerichtssaal vorstellen, in dem über Schuld und Unschuld geurteilt wird, dann sind Stereotype zwielichtige Zeugen, die ein faires Verfahren gefährden. Wenn sich unser Denken auf sie verlässt, steht das Urteil fest, noch ehe der Ankläger den Saal betritt.«[67]

Nehmen wir wieder ein Beispiel. Sie lernen einen Italiener kennen. Er ist groß, achtet penibel auf Pünktlichkeit und gesunde Ernährung. Nun könnten Sie sagen, ja und? Aber denken Sie nicht auch »Er ist eben ein untypischer Italiener«? Denn Stereotype geben uns – auch wenn wir sie nicht glauben – eine Orientierung darüber, wie Menschen mit bestimmten Merkmalen ›normalerweise‹ seien. Entspricht eine Person dann nicht diesem stereotypen Bild, ist sie in unseren Augen ›anders‹ als die Norm. Es bedarf somit einer Denkleistung, die andere Person in ihrem *Sosein* zu sehen, während wir gleichzeitig von einer anderen Grundlage (dem Stereotyp) ausgehen, weshalb es Schwerstarbeit für die betroffene Person (die natürlich um die Stereotype weiß, die ›ihrer‹ Gruppe zugeschrieben werden) ist, permanent beweisen zu müssen, diesen Stereotypen eben nicht zu entsprechen.

Bereits im Kleinkindalter unterscheiden wir zwischen Eigen- und Fremdgruppen, machen einen Unterschied zwischen weiblichen und männlichen, Schwarzen und Weißen.[68] Kinder schauen sich dieses Verhalten von ihren erwachsenen Bezugspersonen ab, wobei hier insbesondere auch subtile Handlungen (Gesten, Körpersprache, Gesichtsausdruck), aus denen die Kinder Präferenzen ableiten können, eine bedeutende Rolle spielen.[69] Doch auch wenn wir als Kinder von völlig neutralen Bezugspersonen umgeben gewesen wären (was ausgesprochen unwahrscheinlich erscheint), begegnen uns seit unserer Geburt überall Stereotype. In Geschäften, Filmen, in der Werbung, in Zeitungen, Zeitschriften, Büchern und vor allem in unserem Alltag. Sie sind da, wenn der Taekwondo-›Meister‹ (ja, so will er auch von den Vierjährigen genannt werden) vor der ganzen Gruppe den Buben zurechtweist, der lackierte Nägel hat, weil »so etwas machen nur Mädchen«, wenn der Kollege ins Büro kommt und die Mitarbeiterinnen, die gemeinsam vorm Computer sitzen, fragt, ob sie »ein Schmink-Tutorial ansehen«, wenn die Tante fünften Grades wissen möchte, ob »im Kindergarten denn viele Ausländerkinder sind« oder die Lehrerin den österreichischen Schüler Mohammed auffordert, ein Referat über den islamistischen Terrorismus zu halten, weil er doch einen Bezug dazu haben müsse. Stereotype begegnen uns auch, wenn Frauen pauschal für ihre Empathie gelobt werden, nur werdende Mütter, aber nicht Väter aufgefordert werden, doch noch etwas länger beim Kind zu Hause zu bleiben und der Partner sich in seiner Männlichkeit angegriffen fühlt, wenn die Partnerin besser verdient.

Was aber sind denn nun Stereotype, Vorurteile und dieser Unconscious Bias genau?

3.3 Vorurteile, Stereotype und (Unconscious) Bias

Es gibt unterschiedliche Definitionen für die Begriffe Vorurteil und Stereotyp, teilweise werden sie auch synonym gebraucht. Wissenschaftliche Definitionen dafür, was unter einem ›Vorurteil‹ verstanden wird, finden sich vor allem in der Sozialpsychologie und auch dort ändern sich die Definitionsansätze je nach aktuellem Forschungskonzept.[70] Der Duden definiert Vorurteile so: »ohne Prüfung der objektiven Tatsachen voreilig gefasste oder übernommene, meist von feindseligen Gefühlen gegen jemanden oder etwas geprägte Meinung«[71] Eine sehr bekannte Definition stammt von Gordon Allport, wonach unter Vorurteilen Folgendes zu verstehen ist: »eine Antipathie, die sich auf eine fehlerhafte und starre Verallgemeinerung gründet. Sie kann ausgedrückt oder auch nur gefühlt werden. Sie kann sich gegen eine Gruppe als Ganze richten oder gegen ein Individuum, weil es Mitglied einer solchen Gruppe ist«.[72] Meist wird der Begriff Vorurteil in einem negativen Kontext verwendet und auch die beiden hier angeführten Definitionen gehen von einem negativen Vorurteilsbegriff aus. Andere Definitionen umfassen auch positive Vorurteile, etwa, wenn ich eine besonders positive Meinung über eine bestimmte Gruppe und ihre Mitglieder habe. Wesentlich ist, dass Vorurteile stets mit einer subjektiven Komponente ausgestattet sind, also mit einer positiven oder negativen Emotion einhergehen. Anders gesagt, wenn ich ein Vorurteil über jemanden oder etwas habe, lässt mich dieses Gegenüber nicht kalt.

Auch für den Begriff ›Stereotyp‹ findet sich keine einheitliche Definition. Je nach Perspektive, Wissenschaftsdisziplin und persönlichem Zugang, finden sich hier unterschiedliche Begriffserklärungen.[73] Wir wollen die Sache aber nicht unnötig verkomplizieren. Ich möchte es so zusammenfassen, dass der Begriff Stereotyp meist im Kontext von Kategorisierung und damit einhergehendem (vermeintlichen) Wissen über Eigenschaften von Gruppen und Mitglieder dieser Gruppen verstanden wird. Dabei wird oft auf die Veröffentlichung von Walter Lippmann aus dem Jahr 1922 referenziert, der Stereotype in seinem Werk *Die öffentliche Meinung* breitenwirksam einführte.[74] Ein wesentliches Merkmal von Stereotypen ist, so Lippmann, dass sie uns dabei behindern, die Realität zu betrachten.

> »[Stereotypensysteme] sind ein geordnetes, mehr oder minder beständiges Weltbild, dem sich unsere Gewohnheiten, unser Geschmack, unsere Fähigkeiten, unser Trost und unsere Hoffnungen angepasst haben. Sie bieten vielleicht kein vollständiges Weltbild, aber sie sind das Bild einer möglichen Welt, auf das wir uns eingestellt haben. In dieser Welt haben Menschen und Dinge ihren wohlbekannten Platz und verhalten sich so, wie man es erwartet. (...) Es ist [das] Merkmal [der Stereotype], dass sie dem Gebrauch der Vernunft vorausgeht; sie ist eine Form der Wahrnehmung und drängt den Gegebenheiten, die unsere Sinne aufnehmen, gewisse Merkmale auf, bevor diese Gegebenheit den Verstand erreichen.«[75]

In der Sozialpsychologie wird die Existenz von Stereotypen damit erklärt, dass sie uns dabei helfen, Ordnung in einer unübersichtlichen Welt zu schaffen. Es handelt sich dabei grundsätzlich um eine von vielen Kategorisierungen, die wir automatisch vornehmen. »Eine Kategorie ist eine Zusammenstellung von Dingen, die so viel gemeinsam haben, dass sie als verwandt gelten können. Ihre Elemente müssen dabei nicht unbedingt besonders ähnlich sein.«[76] Würden wir jede Sache und jede Person, die wir sehen oder der wir begegnen separat und im Detail analysieren, so wäre dies ein nicht schaffbarer Aufwand für unser Gehirn. Beispielsweise müssten wir uns immer Gedanken machen, wo man ein Haus betreten kann und dieses genauer untersuchen, wenn unser Gehirn nicht unterschiedliche Formen von Türen als solche erkennen und kategorisieren würde. Das Problem ist nur, dass wir solche Kategorien auch für Menschen entwickelt haben, wo häufig bereits die Kategorisierung an sich inkorrekt ist und wenn sie stimmt, wir dann mit hoher Wahrscheinlichkeit falsche stereotype Ableitungen daraus treffen (denken Sie an Claude und Raul in Kapitel 2.1). Stereotype werden gegenüber Vorurteilen meist dadurch abgegrenzt, dass sie keine ausgeprägte emotionale (›affektive‹) Komponente haben, sondern es tatsächlich mehr um ein vermeintliches Wissen geht.[77] Vereinfacht gesagt, wenn ich das Stereotyp internalisiert habe, dass Asiat*innen besonders fleißig und gewissenhaft sind, dann ist das vorerst nur ein Stereotyp. Es wird dann zu einem Vorurteil, wenn ich mit diesem Stereotyp etwas Positives oder Negatives verbinde. Dann ist es nicht mehr nur ein ›Wissen‹, sondern ich bewerte dieses auch. Ebenfalls zu einem *Vor*-Urteil kann ein Stereotyp dann werden, wenn ich eine Person anhand von Stereotypen falsch bewerte. Beispielsweise, wenn ich die Bewerbung einer Person, die ich als ›asiatisch‹ kategorisiere erhalte und ihr damit automatisch zuschreibe, besonders fleißig zu sein. Ich bilde mir damit ein Urteil, be*vor* ich die Person tatsächlich wirklich kenne. Ist die Bewerberin tatsächlich aber faul, war dieses *Vor*urteil tatsächlich ein *Fehl*urteil. Das heißt, während gegen Kategorisierungen von Dingen an sich nichts einzuwenden ist, sollten wir es uns in Bezug auf Menschen tunlichst abgewöhnen, da wir anderenfalls ein sehr hohes Risiko für diskriminierendes Verhalten in Kauf nehmen. Grundvoraussetzung für das Verlernen solcher Stereotypisierung gegenüber anderen Personen ist dabei aber, dass wir anerkennen, von ihnen geleitet zu werden.

Immer häufiger wird in diesem Kontext auch der Begriff Unconscious Bias im deutschsprachigen Raum verwendet. Wortwörtlich übersetzt bedeutet das ›unbewusste Verzerrung‹, aber eigentlich passt der von Banaj und Greenwald eingeführte Begriff der »mentalen Programmfehler«[78] aus meiner Sicht hier besser. Es handelt sich dabei um »festgefügte Denkgewohnheiten, die zu irrigen Wahrnehmungen, Erinnerungen, Urteilen und Entscheidungen führen.«[79]

Das führt uns gleich zur nächsten Frage, nämlich ob es so etwas wie ein ›vorurteilsfreies‹ Handeln überhaupt gibt. Die kurze Antwort ist: Nein, das gibt es nicht. Und daran ändert sich auch nichts, wenn wir noch so sehr betonen, wie sehr wir ›alle Menschen gleichbehandeln‹, ›keine Hautfarbe sehen‹ oder ›in der Lage sind, komplett objektiv gegenüber allen‹ zu sein. Vielmehr ist es so, dass je mehr wir uns dem Gedanken verschließen, dass wir tatsächlich eben nicht frei sind von stereotypem Wissen und Vorurteilen, die Gefahr dafür, diskriminierend zu handeln, steigt. Die von Anthony Greenwald entwickelte Methode des Impliziten Assoziationstests zeigt diese unbewussten/kognitiven Wissenslücken optimal auf. Mittlerweile kann man sich zu unterschiedlichen Diversitätsdimensionen auf diese testen lassen: Besteht eine Präferenz für Weiße im Gegensatz zu Schwarzen? Für Frauen im Haushalt und Männer als Karrieremacher oder umgekehrt? Für junge oder alte Menschen? Gerade, wenn wir selbst der Meinung sind, die Fähigkeit zu besitzen, wirklich völlig objektiv zu agieren, können diese Tests eine augenöffnende Wirkung entfalten. Probieren Sie es aus! Unter https://implicit.harvard.edu/implicit/germany/selectatest.jsp können Sie sich zu unterschiedlichen Diversitätsdimensionen selbst testen. Im Zusammenhang mit der Präferenz für Weiße haben Nachfolgestudien im Übrigen ergeben, dass diese auch dann ein diskriminierendes Verhalten der Personen voraussagen kann, wenn sie »entschieden (und glaubwürdig) für egalitäre Überzeugungen eintreten.«[80]

Wieso ist der Abwehrreflex trotzdem so ausgeprägt, wenn wir gesagt bekommen, dass unsere Handlungen rassistisch oder sexistisch sind? Eine Antwort ist: Wir wollen nicht wahrhaben, dass große Teile dessen, was unser Verhalten steuert, nicht unser Verstand ist. Und das, obwohl wir hinsichtlich so gut wie allen anderen Körperfunktionen akzeptieren, dass sie unbewusst ablaufen und wir nur eine sehr beschränkte Kontrollmöglichkeit über ihr Funktionieren besitzen.[81] Außerdem sind wir nicht gut darin, Ambiguität, also Widersprüchlichkeit, auszuhalten. Webster/Kruglanski nennen dies »the need for cognitive closure«, was in etwa übersetzt werden kann mit der Notwendigkeit eines geistigen Abschlusses. Anders gesagt: Der Kreis muss sich schließen, die Zahnräder ineinandergreifen, damit wir uns wohlfühlen. Diese fehlende, sogenannte »Ambiguitätstoleranz« führt dazu, dass wir Dinge gerne in Kisten packen und einordnen möchten. Das wäre dann eben: Rassist*in/Nicht-Rassist*in. Rassist*in = agiert rassistisch. Nicht-Rassist*in = agiert nicht rassistisch. Sofern wir also (vermeintliche) Widersprüchlichkeiten schlecht aushalten, können wir den Umstand, dass auch wenn wir es nicht böse gemeint haben, oder eben prinzipiell keine negativen Vorurteile gegen bestimmte Gruppen/Gruppenzugehörige haben (wollen), rassistisch, sexistisch oder in anderer Weise diskriminierend agieren, nicht in unser Selbst integrieren und müssen die entsprechende Kritik daher vehement abwehren.

3.4 Ausgewählte Effekte von Stereotypen und Vorurteilen

Stereotype wirken nicht für alle gleich. Jene, die dem ›Normmenschen‹ (im konkreten Kontext, dieser wird in Argentinien anders sein als in China und dort anders als in Indien) am nächsten kommen, werden eher als Individuen gesehen als jene, die uns fremd erscheinen. Schließen wir kurz die Augen und überlegen uns zwei Szenarien. Der neue Kollege kommt zur Tür hinein, sie wissen noch nichts über ihn, nicht einmal seinen Namen.

Szenario 1: Es kommt ein ca. 1,80 m großer, weißer, braunhaariger Mann ins Büro und stellt sich als Clemens vor.

Szenario 2: Es kommt ein ca. zwei Meter großer Schwarzer ins Büro, er trägt Dreadlocks und eine dicke Brille. Er stellt sich mit dem Namen James vor.

Augen schließen.

…

…

…

Und? Hatten Sie in beiden Szenarien dieselben Assoziationen?

Unlängst saß ich mit einer Freundin beim Abendessen, die mir von einem Bekannten erzählte, der kürzlich geheiratet und seine Frau ein Kind mit in die Ehe gebracht hat. »Da ist sie dann mit dem Schwarzen Mädchen bei ihm eingezogen«, sagte sie zum Abschluss der Geschichte. Ich fragte meine Freundin, welche Relevanz der Umstand, dass das Kind Schwarz ist, habe. Sie überlegte kurz und sagte, »eigentlich keine.« Wir mussten lachen, aber eigentlich ist die Sache ernst.

Wir haben die Tendenz, bestimmte Merkmale, die uns ›besonders‹ vorkommen, in unseren Beschreibungen auch dann hervorzuheben, wenn sie für die konkrete Situation überhaupt keine Bedeutung haben. In diesem Fall ist es ein Kind, das eben von einem früheren Partner mit in die Ehe gebracht wird. Etwas anderes wäre es, wenn meine Freundin mir von den Schwierigkeiten erzählt hätte, die das Kind beim Schulwechsel, aufgrund des Umzugs hatte, weil es regelmäßig rassistische Erfahrungen durch Mitschüler*innen oder das Lehrpersonal macht. Oder, dass der neue Mann seiner Mutter es nicht auf soziale Events mitnimmt, weil es ihm unangenehm ist. In diesen Fällen darf die Frage des Grunds für die diskriminierende Ungerechtigkeit nicht ausgeblendet werden (im Sinne von »immer schiebst Du alles auf Rassismus, das hat andere Gründe, wir sehen keine Hautfarbe«). Aber von alldem war hier keine Rede, es ging nur um den Umstand, dass ein Kind mit in die Ehe gebracht wurde. Der Effekt, dass ein Merkmal andere Merkmale besonders überstrahlt und daher überproportional hervorgehoben wird, wird auch (▸) HALO-Effekt genannt. Bei dieser Beurteilungsverzerrung wird ein als besonders hervorstechend wahrgenommenes Merkmal herangezogen, um Ableitungen zu anderen Aspekten dieser Person zu treffen.

Der HALO-Effekt ist nur eine kognitive Verzerrung, die durch Stereotype verursacht wird. Ein anderer ist beispielsweise der sogenannte (▸) Bestätigungsfehler, wonach wir vor allem jene Informationen erkennen, wahrnehmen und uns merken, die unseren Glaubenssätzen entsprechen. Der Ankereffekt unterstützt uns wiederum dabei, nicht bei jeder Person oder Sache die wir sehen eine komplett neue Einschätzung zu treffen. Unser Gehirn sucht einen Anker, um die Information einzuordnen.[82] Gerade der Ankereffekt kann dazu führen, dass alles, was näher an der Norm liegt, die uns bekannt ist, erstrebenswerter erscheint, als jenes, das besonders fremd wirkt.

Kommt es zu einer diskriminierenden Grenzüberschreitung, leidet die handelnde Person mit hoher Wahrscheinlichkeit an einem mentalen Programmfehler. Gleichzeitig ist die Reaktionsfähigkeit der betroffenen Person stark von dem eigenen mentalen Programmfehler (»Habe ich das verdient?«; »Vermutlich habe ich es verdient.«; »Ich bin das Problem«) gekennzeichnet. Vorurteile und Stereotype, unter deren Eindruck wir sozialisiert wurden, haben nämlich nicht nur einen Einfluss darauf, wie wir uns anderen gegenüber verhalten, sondern auch darauf, wie wir uns selbst sehen und damit auch, was wir uns zutrauen. Die (offene und subtile) Diskriminierung, der man ausgesetzt ist, verfehlt ihren Zweck nicht. Bei der sogenannten ›Bedrohung durch Stereotype‹ geht es darum, dass wir einerseits Angst davor haben, »auf Basis von negativen Stereotypen beurteilt zu werden« und andererseits davor, dass unser »eigenes Verhalten negative Stereotype« der eigenen Gruppe bestätigen könnte.[83] So haben Studien gezeigt, dass Mädchen, die vor einem Mathematik-Test an ihre Weiblichkeit und Personen afrikanischer Herkunft vor einem verbalen Fähigkeitstest an diese erinnert wurden, schlechter abschnitten, als wenn diese Merkmale nicht »salient und anwendbar«[84] waren. Mit anderen Worten: Wurden die Proband*innen an ihre Merkmale erinnert, die gesellschaftlich mit negativen Vorurteilen behaftet sind, so verschlechterte sich ihre Leistung, weil sie diese Vorurteile selbst internalisiert hatten. Wurden die Merkmale im Vorfeld nicht betont, schnitten sie besser ab.

Die Wirkung von kognitiven Verzerrungen ist also real. Wir alle sind davon betroffen und gefordert, uns von ihnen nicht austricksen zu lassen. Weil alles dafür zu tun, jeder Person dieselben Chancen einzuräumen und sich auch ungewollt nicht zu einer verzerrten Wahrnehmung und damit auch zu einer diskriminierenden Handlung hinreißen zu lassen, schlicht eine Frage der Gerechtigkeit ist. Seien wir ehrlich, das Argument »das war immer schon so« – in all seinen Abwandlungen (»früher hat es auch niemandem weh getan«, »früher war die Welt noch in Ordnung«, »früher war ein Mann noch ein Mann und eine Frau noch eine Frau«, undsoweiterundsofort) – ist auch unserer Faulheit geschuldet. Denn es ist anstrengend, von Prämissen, die wir für naturgegeben halten und über die wir schlicht nicht nachgedacht haben, abzugehen. Das Phänomen der latenten Vorurteile zeichnet sich aber nicht nur durch eine besonders hartnäckige Unreflektiertheit, sondern auch dadurch aus, dass diese in (vermeintlich) sicheren Räumen schnell zum Vorschein kommen können.

Vor ein paar Monaten saß ich mit zwei deutlich älteren weißen Österreichern*innen in einem Meeting. Es war ein berufliches Treffen, wir waren allein und kannten einander kaum, die Stimmung war höflich und sachlich. Als wir mit dem Smalltalk begannen, der typischerweise das Ende eines Meetings einleitet, fing eine der beiden Personen an, über die Schule ihrer Kinder zu sprechen und, dass – obwohl es eine katholische Schule sei – diese überwiegend von ›Migranten*innen‹ besucht würde. Ihrer Stimme konnte man leichte Empörung entnehmen, sie hielt inne und schaute uns mit großen Augen an. Würden wir verständnisvoll nicken, so wie das oft passiert, wenn sich eine Gruppe vor nachteiligen Folgen von außen bei sozial unerwünschtem Verhalten geschützt fühlt? Der andere Teilnehmer lächelte, er wisse genau, was sie meine, langsam habe er Angst, dass seine Kinder in der Schule nicht mehr ordentlich Deutsch lernen würden. Das Gesicht der ersten Person erhellte sich. Vor meinem geistigen Auge sah ich bereits, wie sich eine Tirade ankündigte, die sie gleich ungeniert loslassen würden. Beide sahen nun mich erwartungsvoll an, abwartend, ob auch ich in ihren Unmut einstimmen würde. Ich stand auf und während ich meinen Mantel anzog, berichtete ich, dass im Kindergarten meiner Tochter – soweit ich das erkennen kann – nur drei Kinder seien, deren Muttersprache nicht Deutsch ist und ich das eigentlich schade fände, weil dies die Gesellschaft nicht abbildet. Die Mienen der beiden verfinsterten sich, sie blieben sitzen und verabschiedeten sich kühl. Gesehen habe ich sie seitdem nicht mehr. Im Nachhinein ärgerte ich mich,

mich nicht klarer positioniert zu haben, wohl wissend, dass auch mir manchmal die Energie fehlt, mich auf eine inhaltliche Diskussion einzulassen. Denn es ist nicht ausreichend, nicht diskriminieren zu *wollen.* Wir müssen auch aktiv etwas dafür tun, dass unsere Wahrnehmung nicht von Glaubenssätzen beeinflusst wird, die tief in uns verankert sind. Hierfür braucht es auch, dass wir nicht aus Höflichkeit oder Angst vor einem unangenehmen Gespräch, davor zurückschrecken, Menschen, die sich (häufig aufgrund bestimmter geteilter privilegierter Diversitätsdimensionen) in unserer Gegenwart sicher fühlen, ihren Vorurteilen freien Lauf lassen, sondern darlegen, wieso sie falsch liegen – auch und vor allem, wenn wir uns selbst in einer privilegierten Position befinden.

Nehmen wir ein anderes Beispiel einer Person der Öffentlichkeit: Der ehemalige österreichische Justizminister und Richter des österreichischen Verfassungsgerichtshofs a.D., Prof. Dr. Wolfgang Brandstetter. Im Rahmen eines Strafverfahrens wurden Chats zwischen ihm und einem ehemaligen ranghohen Beamten des Justizministeriums, Christian Pilnacek, publik. Darin ließ sich der Beamte rassistisch und sexistisch über zwei Richterinnen des Verfassungsgerichtshofs aus. Brandstetter wies ihn nicht darauf hin, dass solche Aussagen absolut unmöglich sind, sondern versuchte lediglich, den in Rage befindlichen Beamten zu beruhigen. Als er nach Öffentlichwerden dieses Chatverlaufs in einem Interview von Lou Lorenz-Dittlbacher dazu befragt wurde, rechtfertigte Brandstetter sich damit, dass er sich selbst nicht rassistisch oder sexistisch geäußert habe und nicht so lapidar geantwortet hätte, wenn die Konversation vor Dritten stattgefunden hätte. Hier ein Auszug des Gesprächs:

> »Moderatorin: (...) Ist Ihnen eigentlich peinlich, was Sie da geschrieben haben und vor allem das, was Sie nicht geschrieben haben (...)?
>
> Brandstetter: (...). Aber das Wesentliche ist: Ich habe diese wirklich unsäglichen, rassistischen und sexistischen Äußerungen ja nicht gemacht (...) Und es ist natürlich auch so, dass solche Äußerungen in privaten Chats nicht vergleichbar sind, mit Äußerungen, die in Anwesenheit von Dritten abgegeben werden, sie können sicher sein, wenn ein Dritter dabei gewesen wäre, bei einem solchen Gespräch, wenn es ein Gespräch gewesen wäre, hätte ich entsprechend reagiert. Aber in so einem vertraulichen Chat, wo man den Eindruck hat, jemand, mit dem man freundschaftlich verbunden ist, der lädt hier seinen Frust ab. Da versucht man eher, ihn, mit irgendwelchen – vielleicht auch scherzhaften Bemerkungen – wieder auf vernünftige Gedanken zu bringen. Und das ist glaube ich das, was man dazu sagen muss. (...)

Moderatorin: (...) Als Christian Pilnacek also geschrieben hat, man könne den Verfassungsgerichtshof auch nach Kuba exportieren und eine Kollegin gäbe eine gute Müllfrau ab, haben Sie geantwortet (Anm Zitat): »Heut‹ bist echt giftig.« Wäre es nicht klüger, auch im Sinne Ihres Standings wirklich effizienter gewesen zu sagen, »Stopp! So sprechen Sie nicht über meine Kolleginnen«?

Brandstetter: (...). Aber ich frage mich schon, was macht man in so einer Situation. Jemand mit dem man durchaus freundschaftlich verbunden ist, schreibt einem was, offensichtlich etwas, das er irgendwie aus tiefstem Frust herausschreibt, dann glaube ich ist es normal, dass man ihm einmal gewisser Weise zuhört oder sich das auch anschaut. Dann aber schon reagiert und das habe ich getan. Ich habe einfach gesagt, »du, also heute bist du besonders giftig« Ich bin weiter nicht darauf eingegangen, ich habe das dann in weiterer Folge ignoriert.

(...) Ich habe das Gespräch mit beiden Kolleginnen gesucht, die wissen auch, dass ich Sie persönlich sehr schätze, die wissen auch, dass mir persönlich, rassistische oder sexistische Äußerungen völlig fremd sind. So etwas werden Sie bei mir nicht finden. Das weiß man, wenn man mich kennt. Es tut mir leid, dass diese Äußerungen gefallen sind. Sie sind für mich völlig inakzeptabel, (...). Es tut mir auch leid, dass sie auf diese Weise, die eigentlich nicht wirklich rechtskonform war, überhaupt in die Öffentlichkeit gelangt sind, weil damit diese groben Beleidigungen, die mir wehtun, auch einer breiten Öffentlichkeit zugänglich geworden sind, das hätte auch nicht sein sollen.

(...) Die Frage ist halt, was hätte ich mehr tun sollen, was hätte ich in diesem Chat mehr tun können? Hätte ich sagen müssen, also, äh, lieber Freund Pilnacek, so geht das nicht?«[85]

Was würden Sie ihm antworten? Die Wahrheit ist doch, die meisten Personen in seiner Situation hätten ähnlich reagiert wie Brandstetter. Sei es, weil wir keine Kraft haben, eine Diskussion zu führen – zumal sie uns nicht selbst betrifft –, sei es, weil wir nicht anecken, oder – wie Brandstetter sagt – auch einfach zuhören wollen, ohne einen Freund gleich zu verurteilen. Vielleicht aber auch, weil, wenn wir solche Kommentare hören oder lesen, wir sie tief in unserem Inneren nicht wirklich ablehnen. Oder zumindest nicht in der Vehemenz, wie wir nach Außen vorgeben dies zu tun. Was also hätten Sie geantwortet? Dieses Beispiel zeigt gut, wie sich privilegierte Personen verhalten, wenn sie sich sicher fühlen. Brandstetter weist im Interview auch darauf hin, dass die Veröffentlichung dieser Chats nicht ganz rechtskonform erfolgte und wollte damit wohl zeigen, dass nur ein Eingriff in seine Privatsphäre dazu geführt hat, dass wir von seinem politisch inkorrekten Verhalten erfahren haben. Natürlich sagt er dann, dass es ihm leidtut, um die Personen, die das dann lesen mussten. Tatsächlich scheint es ihm jedoch eher leid darum zu tun, dass man sich sogar in privaten, vertraulichen Chats, politisch korrekt verhalten muss.

Latente Vorurteile loszuwerden ist ein mühsamer und anstrengender Prozess – aber er lohnt sich. Sein Erfolg äußert sich darin, dass wir weniger anfällig dafür sind, in Situationen, in denen wir uns unbeobachtet fühlen, in die komfortable – weil uns bekannte – Vorurteilshaltung zurückzufallen, sondern unsere Sensoren zu verbessern, Ungerechtigkeiten wahr- und nicht hinzunehmen. Genau das meint übrigens auch die häufig vorgebrachte Aufforderung, *es reicht nicht aus, kein*e Sexist*in zu sein. Du musst Anti-Sexist*in sein.* Das ist besonders dann relevant, wenn man sich in einer – wie auch immer gearteten – Machtposition befindet. Denn da, wo Diskriminierung ist, sind ungleiche Machtverhältnisse nicht weit.

3.5 Und wie verlernen wir das Erlernte?

Seit ich einigermaßen mitbekomme, was um mich herum geschieht, höre ich, dass wir in schlimmen Zeiten leben, aber tatsächlich scheint es derzeit eine besonders ungemütliche Welt zu sein. Es ist also völlig nachvollziehbar und natürlich, dass wir uns einfache Antworten wünschen, dass wir uns nach Bekanntem sehnen, weil uns das auch Sicherheit gibt. Leider trügt der Schein, oder auch das Bauchgefühl, uns hier recht oft und leitet uns an, falsche Entscheidungen zu treffen, weil wir nicht bereit sind, oder es uns schwerfällt, zu reflektieren und uns dabei selbst in Frage zu stellen. Wenn Menschen anderen Menschen Leid zufügen, sie sehenden Auges ertrinken oder verhungern lassen und Kriege gegen sie führen, dann geht dies nur unter der Voraussetzung der Entmenschlichung. Wir nehmen die Geflüchteten, die unter Lebensgefahr nach Europa flüchten, nicht als Individuen wahr, als Töchter, Väter, Tanten, Geschwister. Wir nehmen sie als Masse, als Bedrohung wahr (bzw. die Medien sorgen dafür, dass wir so empfinden), wie auch Begriffe wie ›Strom‹ oder ›Welle‹ verdeutlichen. Würden wir versuchen, Menschen nicht in Gruppen zu sortieren und dann pauschal über diese Gruppen zu sprechen, wären wir – so glaube ich – zu so viel Grausamkeit und Gier zu Lasten anderer nicht in der Lage. Diskriminierung ist, wie wir nun wissen, abhängig von Kategorisierungen: Eigengruppe vs. Fremdgruppe. Innen vs. Außen. Wir vs. die Anderen. Während die ›Wir‹-Gruppe, die mit Macht ausgestattet ist, sich selbst als homogene Gruppe heterogener Individuen wahrnimmt, werden ›die Anderen‹ individualitätslos kategorisiert. Jedes Mal, wenn wir versuchen, die

Kategorisierungs-Boxen zu verstauen und jeder Person die Chance zu geben, als sie selbst und nicht als Teil einer vermeintlichen Gruppe gesehen zu werden, tragen wir ein kleines Stückchen zu einer gerechteren Welt bei.

Die schlechte Nachricht ist also, dass es eine lebenslange Aufgabe darstellt, erlernte Wahrnehmungseffekte zu verlernen. Man muss sich auf einen Marathon einlassen und darf keinen Pokal nach einem Sprint erwarten. Den wird es nicht geben. Weder wäre das gerechtfertigt, noch nachhaltig.

Die gute Nachricht ist aber, dass wenn wir eingesehen haben, dass die Wahrnehmung einer jeden Person verzerrt und auf Basis bekannter Stereotype und Vorurteile erfolgt, wir bereits den wesentlichsten ersten Schritt getan haben.

Abschließend erlaube ich mir noch ein Wort zu den derzeit im Arbeitskontext beliebten Unconscious Bias Schulungen, von denen sich manche ein Sprintergebnis erhoffen: Wenn wir uns vorstellen, dass die Effekte der unbewussten Vorurteile Automatismen unseres Gehirns sind, die wir erst als solche entlarven müssen, und gleichzeitig auf Stereotypen basieren, die wir quasi schon mit der Nabelschnur aufgesogen haben, wie soll dann ein einziger Workshop (unabhängig davon, ob er 90 Minuten oder einen Tag lang dauert) eine nachhaltige Veränderung herbeiführen? Es gibt keine belastbaren Studien, die den positiven Effekt solcher Trainings belegen würden. Natürlich ist ein solcher Workshop wunderbar, um die eigene Position zu reflektieren und zumindest theoretisch zu verstehen, dass wir nicht *an sich* vorurteilsfreie Wesen sind, sondern wir erst dann dem Ziel, vorurteilsfrei zu agieren, näherkommen können, wenn wir permanent an uns arbeiten.[86] Nur wer will das schon, wenn der Status Quo so bequem ist? Ein solches Training sollte also nicht nur der Bewusstmachung (*Awareness*) bestehender Stereotype und Mechanismen, wie diese uns unbewusst beeinflussen, dienen, sondern auch dazu, uns die Konsequenzen, die unser Verhalten für uns selbst aber auch für andere hat, aufzuzeigen. Die wenigsten von uns verhalten sich absichtlich ungerecht, nur manchmal (oder öfter) ist eben gut gemeint nicht gut gemacht. Insgesamt können Unconscious Bias Trainings daher einen Umdenkprozess einleiten, allerdings bedarf es dafür der Reflexionsfähigkeit, dass es sich damit jedenfalls nicht erledigt hat.

4 Wo Diskriminierung ist, da ist Macht.

4.1 Allgemeines

Der Begriff ›Machtmissbrauch‹ wird häufig im Kontext von Diskriminierung gebraucht. Da wird dann unter anderem davon gesprochen, dass es für die Verhinderung von Diskriminierung des Abbaus struktureller Machtverhältnisse bedarf. Gemeint ist damit, dass die bestehenden Dominanzverhältnisse Diskriminierung ermöglichen. Gleichzeitig ist Diskriminierung notwendig, um die bestehenden Dominanzverhältnisse aufrecht zu erhalten. Einerseits, weil es einer gewissen Machtposition bedarf, um überhaupt diskriminieren zu können. Andererseits, weil Diskriminierung den Betroffenen Macht nimmt und/oder dazu führt, dass sie gar nicht erst in die Position kommen, Macht zu erhalten. Da sich Machtverhältnisse ändern, ist es notwendig, auch unabhängig von derzeit (noch) bestehenden Verhältnissen auf die dahinterliegenden Mechanismen zu blicken. Verstehen wir das Verhältnis zwischen Macht und Diskriminierung, dann ist das ›Warum‹ von Diskriminierung leichter zu fassen: Diskriminierung hilft, die gegebenen Verhältnisse – samt den darin befindlichen Privilegien – so aufrecht zu erhalten, wie sie sind. Dabei ist es nicht ausreichend, wenn die Betroffenen (und ein paar Expert*innen) das Problem verstanden haben (und sich den Mund fusselig reden). Die, die am Hebel der Macht und der Entscheidungen sitzen, sie müssen es verstehen, damit sich etwas im Großen ändert.

In einem Führungskräfteworkshop zu Diskriminierungsschutz, stellte eine Teilnehmerin – nachdem ich auf ihre innerbetriebliche Machtposition und die damit einhergehende Vorbildfunktion und Verantwortung hingewiesen hatte – energisch fest, dass Macht *an sich* nichts Schlechtes sei. Das ist *an sich* richtig, Macht ist weder gut noch schlecht, wesentlich ist, wie sie eingesetzt wird und ob ein Bewusstsein über ihre Wirkung besteht. Was also ist Macht?

4.2 Der Machtbegriff im Diskriminierungskontext

Dort wo es Macht gibt, gibt es Hierarchie. Die Mächtigen und die Machtlosen. Aber Macht ist komplex und durch die Diskussionen rund um Identität wird sie komplexer. Seit Jahrtausenden beschäftigen sich kluge Philosoph*innen, Soziolog*innen und andere Intellektuelle damit, Macht zu beschreiben und zu definieren. Sie sind sich allerdings in viele Punkten uneins, unter anderem darin, von wem die Macht ausgeht (Individuen oder der Gesellschaft), wie sie abzugrenzen ist (funktioniert Macht ohne Gewalt oder noch weitergehender: schließt die Anwesenheit von Gewalt Macht an sich aus?), ob sie ein konkretes Handlungsziel verfolgt oder, ob Macht immer im Fluss ist. Bislang konnte man sich noch nicht auf einen einheitlichen Machtbegriff einigen und das werden wir hier nun auch nicht tun. Dennoch werden wir uns im Folgenden kurz die ein oder andere Definition ansehen, die uns bei der Einordnung helfen sollten. (Für alle, die es genauer wissen wollen, sei erwähnt: Es gibt wunderbare Bücher, die sich mit diesen unterschiedlichen Zugängen zu ›Macht‹ befassen und die teils schwierig nachvollziehbaren Theorien gut verständlich erklären.)

Wir wollen uns hier mit Macht im Kontext von Diskriminierung beschäftigen. Wenn wir in diesem Zusammenhang über Macht sprechen, dann müssen wir den Begriff auf eine zwischenmenschliche Wirkung eingrenzen. In sozialen Räumen sind wir meist sowohl Machtunterworfene (beispielsweise gegenüber unserer Arbeitgeberin, Behörden oder auch als Patientin gegenüber dem Arzt) als auch Machthabende (beispielsweise gegenüber unseren Kindern, Mitarbeitenden oder älteren Menschen, die auf unsere Hilfe angewiesen sind). Dabei geht Macht sowohl von Individuen als auch von Institutionen aus. Ob wir Machthabende oder Machtunterworfene sind, hängt allerdings nicht nur vom konkreten Kontext oder als solche sichtbaren Handlungs- oder Einwirkungsmöglichkeiten ab. Unser Machtumfang ist auch durch unsere gesellschaftliche Stellung determiniert, auf die wir nur bedingt Einfluss nehmen können. In Staaten etwa, in denen Frauenrechte massiv beschränkt oder gar nicht vorhanden sind, befinden sie sich gegenüber Männern schon qua Geschlecht in einer untergeordneten Position, die sie auch nicht durch ›Leistung‹ verändern können. Wenn meinem Wort, weil es das einer Frau ist, nicht dasselbe Gewicht zugesprochen wird, wie dem eines Mannes, handelt es sich dabei ebenso um eine ungleiche Machtposition, wie wenn einer Person aufgrund ihrer Herkunft nicht dieselben Machtnetzwerke offenstehen, wie einer, in eine andere Klasse hineingeborenen Person.

Eine der bekanntesten Definitionen von Macht stammt vom Soziologen Max Weber:

> »Macht bedeutet jede Chance, innerhalb einer sozialen Beziehung den eigenen Willen auch gegen Widerstreben durchzusetzen, gleichviel worauf diese Chance beruht.«[87]

Diese Definition ist zunächst einmal sehr weit, denn sie umfasst sowohl Machtausübung, die gegen den Willen der anderen Person (gegenüber der die Macht ausgeübt wird) erfolgt, als auch solche, die im (wenn auch möglicherweise nicht freien) Einverständnis ausgeübt wird. Diskriminierung durch Machtausübung zeigt sich besonders dort, wo Personen über andere Personen aufgrund ihrer spezifischen Position maßgebliche Entscheidungen treffen können, also über ›kleine Macht‹ verfügen. Sie hat für sich genommen gesamtgesellschaftlich keine große Wirkung, wohl aber dann, wenn sie in Masse auftritt. Gemeint sind also Machtverhältnisse, die auf einzelne Schicksale (mehr oder weniger) großen Einfluss nehmen können, die für die Allgemeinheit aber meist nicht im Einzelnen sichtbar sind. Wie die Entscheidung einer Richterin, eines Verwaltungsbeamten oder einer Vermieterin. Je nachdem wie sehr diese Personen mit ›kleiner Macht‹ bereit sind, darüber zu reflektieren, welche Stereotype und Vorurteile ihre Wahrnehmung prägen, werden sie unterschiedlich stark bereit sein, das Individuum und nicht lediglich das Mitglied einer Gruppe vor sich zu sehen und dementsprechend größer oder geringer ist damit auch die Wahrscheinlichkeit einer gerechten Entscheidung. Leider sehe ich in meiner Praxis regelmäßig Personen, die glauben, auf einen solchen Reflexionsprozess verzichten zu können.

Dennoch scheint Webers Definition für unseren Kontext zu kurz gegriffen, denn sie beschränkt sich auf konkrete Situationen, in denen eine oder mehrere Person(en) ihren bewussten Willen durchsetzen können. Sie ist also kaum anwendbar für Macht, die zwar omnipräsent ist, sich aber gleichzeitig nicht in der Durchsetzung eines erkennbaren Willens manifestiert. Wenn sie auf Gesetzen oder institutionellen Regelungen beruht, von denen jede*r behaupten kann, sie entsprängen ja nicht dem eigenen Willen. Aber auch die ›Macht des Unbewussten‹, die in diesem Kontext eine ganz entscheidende Rolle spielt (lasse ich mich von meinen Vorurteilen beeinflussen oder nicht?) lässt sich in der Definition nur schwer abbilden.[88]

Der Philosoph Steven Lukes hat die drei Gesichter der Macht entwickelt. Dabei ist das erste Gesicht die Macht als Entscheidung (dies entspricht in etwa Max Webers Definition), das zweite Gesicht die Macht als Nicht-Entscheidung, in dem unerwünschte Varianten von Vornherein ausgeschlossen werden (bei einem Fragebogen angekreuzt werden kann lediglich ›männlich‹ oder ›weiblich‹; als berücksichtigungswürdigende Fremdsprachen gelten lediglich Französisch, Englisch oder Spanisch; bestimmte Drittstaatsangehörige sind von Vornherein für die Postenbesetzung ausgeschlossen und so weiter) und das dritte Gesicht ist die Macht als Struktur und Bewusstseinskontrolle. Dieses Gesicht ist im Zusammenhang mit Diskriminierung besonders spannend, denn es handelt sich dabei um Aspekte, die uns im Rahmen unseres Sozialisationsprozesses angeeignet wurden und auf die wir – sofern wir nicht darüber reflektieren – kaum Einfluss haben, die unser Handeln aber stark beeinflussen.[89] Auch der französische Philosoph, Michel Foucault, hat sich ganz maßgeblich damit auseinandergesetzt, was Macht ist und woraus sie sich ergibt (und selbst mehrfach seine Analyse hierzu abgeändert). Für ihn war Macht primär etwas strukturalistisches, das sich »sowohl in den gesellschaftlichen Strukturen als auch in den normativen Orientierungen«[90] ergibt und nicht etwas, das eine konkrete Person (Subjekt) ausübt. Allerdings ist das Subjekt, – also jede*r einzelne von uns – als Träger*in dieser strukturalistischen Machtverhältnisse erforderlich[91] (später wandte sich Foucault auch dem Subjekt zu, aber diese Erklärungen überlasse ich gern den Expert*innen auf diesem Gebiet). Wesentlich ist also, dass sich die Machtverhältnisse aus den (gesellschaftlichen wie normativen) Strukturen, in Wechselwirkung mit den Subjekten in diesen Strukturen ergibt. Denn wenn niemand in den vorgefundenen Strukturen Macht ausübt, blieben die Strukturen letztlich auch nicht bestehen. Das von Foucault betonte Merkmal von Macht, nämlich dass diese nicht starr ist, sondern sich – ebenso wie die Gesellschaften – wandelt, ist aber jedenfalls für unsere Belange relevant. Dabei ist Wissensproduktion (oder nach Foucault das »Wahrheitsregime«) eine Form von Macht, die sich durchaus ändern kann. Sie basiert darauf, festzulegen, was (gerade) ›normal‹ und ›anders‹ (abnormal) ist. Foucault hat hierfür den Begriff der ›Normalitätsvorstellung‹ gebraucht. (Allerdings würde, so Foucault das »Normale« anhand des »Abnormalen« definiert und nicht umgekehrt.) Dabei haben die ›Normalen‹ stets die Macht über die ›Abnormalen‹[92], wobei das was »abnormal« ist, sich wiederum ändern kann. Diskriminierungsdiskurse sind damit auch Kämpfe um Deutungshoheiten und Definitionsmacht. Was ist gut? Was ist normal? Was ist gesund? Was ist das Ziel? Was ist gerecht? Wer bezeichnet wen, wie? Welche Arbeit hat welchen Wert und warum? Es liegt auf der Hand, dass ich für die Unterscheidung, was normal ist und was nicht, Macht benötige. Denn auch in der Festlegung von Normalität liegt eine Wertung, die Mächtige stützen und die Verhältnisse aufrechterhalten sollen.[93]

Wenn ein mit Macht ausgestatteter Teil der Gesellschaft (global, national oder regional betrachtet) damit anfängt, sich etwas anzueignen, das früher machtlosen Gruppen zugeschrieben wurde, dann kann dies eine wertsteigernde Wirkung haben, freilich ohne, dass sich dadurch am Machtverhältnis etwas ändert. Was meine ich damit? Nehmen wir als Beispiel Berufsgruppen: Es zeigt sich, dass, sobald Männer vermehrt in einer Berufssparte repräsentiert sind, das Ansehen und der dieser Tätigkeit zugeschriebene Wert steigt. Während der Beruf der Programmierer*innen früher beispielsweise überwiegend von Frauen ausgeübt und tendenziell schlecht bezahlt wurde, sind nun mehrheitlich Männer in diesem Berufsfeld tätig, womit auch der Wert dieser Arbeit gestiegen ist.[94] Umgekehrt, waren Lehrer*innen früher angesehene Berufe und überwiegend männlich besetzt. Heute, in einer Zeit in der die Lehrer*innenschaft überwiegend weiblich ist[95], kann man das, vorsichtig gesagt, nicht mehr wirklich behaupten. Auch im Versuch, mehr Mädchen und Frauen für sogenannte MINT-Berufe zu begeistern, zeigt sich der Glaube, dass diese Berufsfelder mehr Wert seien, als die derzeit vor allem von Frauen besetzten (sozialen) Tätigkeitsfelder. Alternativ könnte man ja, gerade um die Armutsfalle im Alter, in der sich Frauen oft befinden, abzufedern, klassisch weibliche Berufe aufwerten oder reguläre Arbeitszeiten verkürzen. Wenn wir ehrlich in uns hineinblicken, dann wissen wir, dass die Arbeit eines Wirtschaftsanwalts, dessen Leistung jährlich mit bis zu mehreren Millionen abgegolten wird, für unsere Gesellschaft meist weitaus unbedeutender ist, als jene einer Elementarpädagogin, die auf 20 Kinder gleichzeitig aufpasst, mit ihnen spielt, erste Lernerfolge erzielt, darauf achtet dass sie nicht ersticken, verdursten oder verhungern, ihnen den Po säubert, sie tröstet und den kindlichen Blick auf die Welt aber auch auf sich selbst (Stichwort Urvertrauen und Selbstliebe) maßgeblich mitprägt. Ich höre schon das Gegenargument: Wirtschaftsanwält*innen helfen unter anderem dabei, Arbeitsplätze zu schaffen und zu sichern. Aber jede*r, der einen Blick in diese Welt hineingeworfen hat, weiß, dass dies selten im Fokus steht, sondern es oft lediglich darum geht, Reiche noch reicher zu machen, indem Steuern gespart, Prozesse optimiert und Mitarbeiter*innen abgebaut werden, wie der mittlerweile leider verstorbene Historiker David Graeber in seinem Werk *Bullshit Jobs* trefflich beschrieben hat.[96] Irgendwie wissen wir es und sind trotzdem nicht in der Lage, etwas daran zu ändern. Vielleicht, weil die Bedeutung bestimmter Berufe, wenn wir ehrlich zu uns sind, auch für uns mit der Quantität der männlichen Vertreter schlicht zunimmt. Die Übernahme einer Tätigkeit durch jene Gruppen, die Macht besitzen, lässt diese offensichtlich wertvoller scheinen.

Dieser Mechanismus beschränkt sich natürlich nicht auf Berufsfelder, ein anderes, immer öfter breitenwirksam diskutiertes Feld, ist die sogenannte

(‣) ›kulturelle Aneignung‹. Nach einem Antidiskriminierungsworkshop für eine Gruppe ausschließlich weißer Österreicher*innen (und einer Italienerin) erklärte eine Teilnehmerin, dass sie das ja alles sehr spannend fände, aber davon, »sich Zöpfchen oder so« machen zu lassen, werde sie sich auch zukünftig bestimmt nicht abhalten lassen. Die anderen Teilnehmenden pflichteten ihr bei, dass diese Debatte rund um kulturelle Aneignung völlig überzogen sei, schließlich sei es doch etwas Schönes, wenn man sich von anderen Kulturen inspirieren lassen würde. Zugegebenermaßen handelt es sich dabei um einen komplexen Bereich, der häufig, und nicht ganz unrichtigerweise, auch im Kontext von Cancel Culture diskutiert wird. Im Wesentlichen muss man sich auch hier die Frage stellen, welche Gruppe sich was aneignet und inwieweit dadurch eine Verschiebung der Bewertung erfolgt. Denn Repräsentationsformen von marginalisierten Gruppen entstehen nicht von heute auf morgen, es ist langwierige, anstrengende politische Arbeit, die durch kulturelle Aneignung zu Nichte gemacht werden kann.[97] Auch, wer letztlich wirtschaftlich von den dann kapitalisierten Kulturgütern profitiert, ist eine Frage, mit der sich Kritiker*innen kultureller Aneignungspraktiken auseinandersetzen. Nicht nur das, wenn kulturelles Gut zur Ware wird, verliert es seine Bedeutung, seinen Sinn: »Wenn Kulturbestände in den Kreislauf des Kapitals geraten, verlieren sie ihre spezifische Bedeutung und werden zu ästhetisch aufbereiteten Verkaufsartikeln, deren Gebrauchswertversprechen im Klischee liegt.«[98]

Dürfen wir uns also keine Dreadlocks mehr machen? Doch, natürlich »dürfen« wir es, aber dann müssen wir auch bereit sein, uns auf eine Diskussion darüber einzulassen. Rechtfertigt kulturelle Aneignung den Ausschluss aus bestimmten Räumen oder sogar die Ausladung oder Verbannung von Personen? Aus meiner Sicht nicht, denn so wird jede Form des Dialogs abgewürgt, die Fronten verhärten sich und am Ende bleiben alle bei ihrer Position, vielleicht auch mit einer Spur mehr Trotz. Die Reggae-Band deren Auftritt in der Schweiz abgesagt wurde, weil sich Besucher*innen von den Dreadlocks von zwei weißen Bandmitgliedern angegriffen gefühlt hatten, trat beispielsweise kurz darauf bei einer Veranstaltung der Schweizer Zeitschrift *Weltwoche*, einer dem rechtspopulistisch politischen Spektrum zugeordneten Zeitschrift, auf.[99] Ob das einer, auf ein gemeinsames Ziel gerichteten Solidarisierung dient?

4.3 Privilegien im Diskriminierungsdiskurs

Lars Distelhorst schreibt: Weißer Antirassismus »muss auf der Einsicht in die Fragilität eines Identitätsentwurfs beruhen, der auf rassistischem Ausschluss basiert, und von dem Ziel getragen sein, diesen zugunsten eines Neuentwurfs weißer Identität als einer Identität unter vielen zu überwinden.« Distelhorst fordert also, in sehr schönen Worten, dass die sogenannte Dominanzgesellschaft ein Verständnis dafür entwickelt, dass sie nicht das Zentrum der Welt oder die Norm aller Dinge ist, sondern ihre Angehörigen gleichermaßen anders sind, wie Personen mit anderen Merkmalen. »Spaltend sind nicht die sozialen Bewegungen, die den real existierenden Universalismus als Produkt partikularer Interessen enttarnen, gebunden an die mit weißer Männlichkeit verbundenen Privilegien. Spaltend sind diejenigen, die diese Privilegien im Namen der Universalität verteidigen. Dass die Privilegien so wirkmächtig sind, liegt auch daran, dass sie nicht als Privileg empfunden werden, da sie verborgen sind, ›in der Selbstverständlichkeit der Normalität‹.«[100]

Wo es Diskriminierung gibt, ist eine Norm, von der scheinbar abgewichen wird, nicht weit. Wir orientieren uns an etwas, das wir als normal betrachten und definieren anhand dessen eine mögliche Abweichung. Das gibt uns Orientierung und Ordnung in einer chaotischen, immer unübersichtlicheren Welt. Das ›Andere‹, ›Abweichende‹, ist dabei nicht unbedingt schlecht. Es kann auch ›besonders‹, ›exotisch‹ oder ›spannend‹ sein. Jedenfalls aber fällt es auf, bleibt in Erinnerung und wird stärker geprüft. Oft aber, ist anders auch einfach nur geduldet, je näher es der Norm kommt, desto positiver wird es bewertet. Klingt alles abstrakt, diffus, theoretisch. Aber nehmen wir beispielsweise den Begriff der Behinderung. Viele Menschen sind unsicher, wie sie über Behinderungen sprechen sollen. Menschen mit Beeinträchtigung? Behinderte Personen? Es nicht erwähnen? Eine Behinderung erscheint stets als Abweichung des normalen, gesunden Menschen und wird damit allgemein als Defizit betrachtet. Ich vermute, dieser Zugang ist auch ein wesentlicher Grund für den verunsicherten Umgang mit Behinderungen. Was aber wäre, wenn wir die Menschen ohne Behinderung, als abnormal privilegiert ansehen würden, als Personen, denen gesellschaftlich keinerlei Hindernisse in den Weg gestellt werden? In einem ersten Schritt muss uns einmal bewusst werden, dass eine Behinderung kein Defizit der Person selbst darstellt. Die Behinderung resultiert vielmehr aus den Verhältnissen, die die behinderte Person vorfindet. Verhältnisse, die sie eben *behindern*. Dadurch wird klar, dass nicht die Person das Problem ist, sondern das System, auf das sie trifft. Wir behindern die Person. Sie ist durch uns behindert. Nicht ihr Körper oder ihr Geist sind es. Die UN-Behindertenrechtskonvention enthält derzeit keine Definition von ›Behinderung‹, allerdings wird festgehalten, »dass das Verständnis von Behinderung sich ständig weiterentwickelt und, dass Behinderung aus der Wechselwirkung zwischen Menschen mit Beeinträchtigungen und einstellungs- und umweltbedingten Barrieren entsteht, die sie an der vollen und wirksamen Teilhabe an der Gesellschaft, auf der Grundlage der Gleichberechtigung mit anderen, hindern.«[101]

Würden wir uns an den Bedürfnissen der Schwächsten (damit meine ich auch: Kinder, alte Menschen, Menschen, die die Sprache nicht beherrschen, etc.) orientieren und nicht, an den Stärksten, wäre die Welt eine Spur gerechter. Denn auch nicht aufzufallen, nicht stets Bitten zu müssen, nicht immer das Gefühl zu bekommen, einen Aufwand für die anderen, die (vermeintlich) Normalen darzustellen, ist ein Privileg. Wären die Erfahrungen einer behinderten Person dieselben, wenn sie als ›Norm‹ gelten würden? Würde sie als Normperson in gleicher Weise hervorstechen oder dürfte sie – und auch das ist ein Privileg – schlicht untertauchen in der Menge anderer Normmenschen? Müssten sie dieselben Hürden bewältigen? In gleicher Weise Rechenschaft für ihre Bedürfnisse ablegen?

Viele Texte über das Thema Diskriminierung beginnen damit, dass der*die Autor*in ihre Position und den eigenen Hintergrund im Hinblick auf bestehende »Privilegien« darstellt (wie auch hier in der Einleitung). Grund hierfür ist, dass es, soweit bekannt, noch keine Gesellschaft geschafft hat, echte Chancengleichheit herzustellen, wir also, je nach Diversitätsdimension, stets mit unterschiedlichen Lebensrealitäten konfrontiert sind, die uns unser Leben erleichtern, oder erschweren können. Je näher wir an der gedachten Normalität sind und der (▸) Dominanzkultur angehören, desto mehr Macht besitzen wir in aller Regel und desto weniger müssen wir für ein Leben im authentischen *Sosein* kämpfen. Durch die Bekanntgabe der eigenen Position wird transparent, inwieweit wir bestimmte Kämpfe durchstehen mussten und uns andere mit großer Wahrscheinlichkeit erspart blieben. Es ist ein Privileg, sich nicht mit dem Thema Diskriminierung auseinandersetzen zu müssen, weil man nicht selbst davon betroffen ist. Und es ist schwierig, Leute zu erreichen, die nicht erreicht werden wollen. Dieses Privileg geht nun langsam verloren, weil auch von Mitgliedern der Dominanzgesellschaft (zu Recht) erwartet wird, nicht einfach über Gefühle und Bedürfnisse anderer Menschen, die früher keine ausreichende Macht hatten, sich zur Wehr zu setzen, drüber zu trampeln. Das ist unbehaglich, denn Privilegien sind selten etwas, das man als solches wahrnimmt (und wenn doch, vermutlich nicht abgeben möchte). Vielmehr setzt man sie als gegeben und berechtigt voraus (und erwartet dann womöglich auch noch Dankbarkeit von Menschen, denen man Platz macht – sofern sie alle notwendigen Anpassungsvoraussetzungen hierfür erfüllen). Ich komme nicht umhin, hier den Begriff der Selbstgerechtigkeit ins Spiel zu bringen, weil mir in meinem sozialen Umfeld dermaßen oft Personen begegnet sind, die diesen Begriff problemlos mit Leben erfüllen. Selbstgerechtigkeit ist ein hartes Wort und es wurde auch mir in gewissen Phasen meines Lebens oft an den Kopf geworfen. Sie besteht im Wesentlichen im Gefühl, aufgrund einer Art natürlichen Ordnung, ein Anrecht auf bestimmte Umstände zu haben, schlicht, weil man in sie hineingeboren wurde. Denken wir – sehr überspitzt – an den arbeitslosen Kurti, der seit Jahren von Sozialleistungen lebt, schlicht keine Lust hat zu arbeiten (nicht, dass ich das verurteilen würde) und sehr genügsam ist. Nun sitzt Kurti an der Bar und schimpft über »die Ausländer«, die »nix hackl'n« wollen. Nicht, dass Kurti besonders privilegiert ist, das ist hier nicht mein Punkt. Nur Kurti ist zufällig Staatsbürger eines Staates, der (noch) ganz gute Sozialleistungen für bestimmte Personengruppen zur Verfügung stellt. Gleichzeitig gönnt er Menschen, die – mag es aus Todesangst oder finanzieller Not sein – versuchen, sich woanders ein besseres Leben aufzubauen, keine Unterstützung. Es dröhnt aus diesem Zugang der Gedanke, dass uns – ohne etwas dafür getan zu haben – rein aufgrund unseres zufälligen Geburtsorts, mehr Rechte, mehr Leistungen und mehr Schutz, zustehen sollen, als anderen Menschen, die ebenso Individuen sind und eben auch – wie wir alle – das Beste aus ihrem Leben machen möchten. Warum? Warum fällt es uns so schwer, uns in die Position dieser Menschen hineinzuversetzen? Würden wir sie als Individuen sehen, jede*r mit eigener Geschichte, als Vater, Mutter, Tochter, Sohn, vielleicht käme uns Häme über Geflüchtete schwerer über die Lippen. Aber es muss nicht Kurti sein, es kann auch die Ärztetochter Marlies sein, die die Praxis ihres Vaters übernimmt, aber »nicht versteht, wieso manche Menschen einfach keinen Job finden.« Auch handelt es sich um die Ausübung einer privilegierten Machtposition, wenn eine Person mit einem Jahreseinkommen im sechsstelligen Bereich eine Reinigungskraft unangemeldet und für geringste Entlohnung bei sich putzen lässt, in dem Wissen, dass sie mangels Aufenthaltsgenehmigung und Arbeitserlaubnis darauf angewiesen ist.

Wir sind also alle in der ein- oder anderen Form vom Privilegienspektrum betroffen und trotzdem ist es nachvollziehbar, dass sich Menschen, die sich nicht beruflich (oder aus anderen Gründen) intensiv mit dem Thema Diskriminierungsschutz beschäftigen oder selbst von Diskriminierung betroffen sind, manchmal erschlagen fühlen von kontinuierlichen ›-ismus‹-Debatten. Der implizite Vorwurf, allein aufgrund ihrer Gruppenzugehörigkeit zu diskriminieren (Stichwort: *all whites are racist*), der von vielen nicht nachvollzogen werden kann, scheint dabei nicht gerade motivationssteigernd zu wirken. Habe ich also das Privileg, nicht von (bestimmten Formen) von Diskriminierung betroffen zu sein, dann ist es naheliegend, dass die Motivation, sich vertieft damit auseinanderzusetzen, fehlt. Auf der anderen Seite haben wir von Diskriminierung betroffene Personen, die einfach nicht mehr Willens sind, darüber aufzuklären, warum wann Diskriminierung vorliegt. Das ist erst recht verständlich. Ich kenne das, aus weiblicher Sicht. Zwar ist mir bewusst, dass es ohne Erklärungen nicht gehen wird, andererseits kenne ich aber auch den Rattenschwanz an Debatten, die ich führen muss, wenn die andere Person schlicht nicht gewillt ist, die Erklärung anzunehmen und sich mit ihr auseinanderzusetzen. Das, obwohl ich als Betroffene ohnehin schon den Aufwand betreibe, ihr zu erklären, was das Problem ist, was für die andere Person einen Service, für mich aber eine zusätzliche Belastung zu meiner bestehenden Diskriminierung darstellt. Hier ein Beispiel:

Kürzlich war ich bei einem Abendessen eingeladen, bei dem zwei Anwälte (beide Herren rund zwei Jahrzehnte älter als ich) anwesend waren. Einen der beiden kannte ich von ein paar feuchtfröhlichen Abenden bereits, er war dabei stets umgänglich und nett gewesen. Ich stand kurz davor, mich als Rechtsanwältin selbstständig zu machen und war bereits seit einigen Jahren als Unternehmensberaterin und Trainerin im Bereich Antidiskriminierung tätig gewesen. Recht früh im Laufe dieses Abendessens entspann sich eine Diskussion darüber, was ich eigentlich beruflich machen würde, und mir wurde von den beiden Anwälten erklärt, dass mein Tätigkeitsfeld wohl recht ›obsolet‹ sei. Dunkel erinnerte ich mich dann an eine Diskussion, die ich mit einem der beiden bereits zwei Jahre zuvor geführt hatte, in der er versucht hatte, mich davon abzubringen mich – damals noch ausschließlich – im Bereich Prävention von und Reaktion auf sexuelle Belästigung am Arbeitsplatz selbstständig zu machen. »Das will niemand«, hatte er damals gesagt »Unternehmen bezahlen nicht dafür, sich damit zu beschäftigen, sondern nur dafür, dass das Problem beseitigt wird.« Ich bekam damals viele solche abratender Ratschläge.

Die Repräsentantin einer Arbeitgeber*innen-Interessensvertretung, fragte mich, wieso man Betroffene darüber aufklären sollte, was sie sich alles nicht gefallen lassen müssten, wenn sie doch heute auch gut damit leben könnten, es nicht zu wissen und von früheren Arbeitskolleg*innen hörte ich, wie man mir nachsagte, dass ich das wohl nun machen würde, weil ich nichts könne, außer Opfer zu spielen. Wie dem auch sei, kommen wir zurück zum Abendessen. Die beiden Anwälte erklärten mir also (der eine neuerlich), dass mein Tätigkeitsfeld eine reine Modeerscheinung sei und mit der Realität nichts zu tun habe, vielmehr heute nun jeder versuche, in irgendeine Opferkategorie zu passen, um die sich daraus ergebenden Vorteile für sich fruchtbar zu machen. Tatsächlich lebe man in einer Gesellschaft, in der jedem alle Chancen offen stünden und manche diese eben nutzten würden und andere nicht. Sie selbst seien schon mehrfach von Unternehmen beauftragt worden, internen Fällen vermeintlich sexueller Belästigung nachzugehen und stets seien sie zum selben Ergebnis gekommen: Es habe sich um eine fälschliche Bezichtigung gehandelt. Ich versuchte den Männern daraufhin zu erklären, dass das ausgesprochen unwahrscheinlich ist[102] und sie sich vermutlich von ihren unbewussten Wahrnehmungsverzerrungen haben leiten lassen. Diese von mir ausgesprochene Annahme ließ sie völlig echauffieren, man sei jedes Mal komplett wertneutral an die Sache herangegangen, das Geschlecht spiele überhaupt keine Rolle, man behandle jeden gleich und es sei eine Unverschämtheit, dass ich sie pauschal des Sexismus bezichtigen würde. Insgesamt machte ich – zugegebenermaßen von Mal zu Mal gereizter – drei Anläufe, ihnen zu erklären, dass wir alle von Stereotypen geprägt sind und sie ihren Einfluss auf unsere Wahrnehmung nicht dadurch verlieren, indem wir davon ausgehen (oder behaupten) uns nicht davon leiten zu lassen sondern, dass wir aktiv mental dagegen steuern müssen. »Das mag für manche Menschen stimmen«, sagte dann einer der beiden Anwälte, »für mich stimmt es aber ganz bestimmt nicht. Ich bin in der Lage jeden Menschen, gleich welcher Hautfarbe, Abstammung, Geschlecht oder was auch immer gleich zu behandeln.« Nach diesem Abend war ich wütend wie lange nicht mehr. Nicht, weil ich mich einmal mehr mit zwei ignoranten Männern, die selbst in keiner Diversitätsdimensionen je Diskriminierungserfahrungen gemacht hatten und glaubten, ihre Lebensrealität sei normal, herumschlagen musste, sondern, weil sie meine Versuche und Bemühungen, ihnen ein Problem sachlich zu erläutern und eine Auseinandersetzung anzuregen, reflexionslos abgeschmettert hatten. Zu keiner Sekunde an diesem Abend war einer der beiden bereit gewesen, von ihrer Position der Unfehlbarkeit abzugehen, der von ihnen wahrgenommene Angriff, sie seien Sexisten (was ich wohl gemerkt nicht gesagt hatte), hatte ihre Ohren verlegt, ganz unabhängig davon, ob ich das je in den Mund genommen hatte, oder nicht. Im Gegenteil: Gegen Ende der Diskussion teilten sie mir mit, dass *ich* die völlig Voreingenommene am Tisch sei, offenbar meine Arbeit nicht beherrsche und sie niemals eine Beratung oder Fortbildung bei mir buchen würden. Ihre eigene Ignoranz der gesamten Thematik gegenüber wurde also – wie es Frauen häufig passiert – mit einer vermeintlich fehlenden Kompetenz auf meiner Seite gerechtfertigt. Die beiden wollten sich also offensichtlich nicht mit ihrer (privilegierten) Sicht auf die Dinge befassen, vielmehr wurde ich als überempfindliche Emanze abgestempelt und dabei sowohl meine fachliche Expertise als auch (und das ist schlimmer) meine Lebensrealität als Frau völlig negiert.

Fakt ist, die beiden *wollten* es nicht verstehen, weil es ihr Welt- und vor allem ihr Selbstbild womöglich ins Wanken gebracht hätte. Denn Privilegien funktionieren am besten dann, wenn sie als selbstverständlich gesehen, quasi als natürliche Ordnung von den Privilegierten und Nichtprivilegierten angenommen werden und damit unsichtbar bleiben. Anders ist es auch nicht zu erklären, dass wir trotz der sichtbaren Vermögensakkumulation einiger weniger Reichen, die immer reicher werden, weiterhin an der Vorstellung einer meritokratischen Leistungsgesellschaft festhalten. So sehr *You can get it if you really want* zum Tanzen einlädt, so irreführend ist dessen Inhalt. Es von unten, ohne Startprivilegien in die ›oberen Zehntausend‹ zu schaffen ist absolut unwahrscheinlich – natürlich bestätigen Ausnahmen die Regel – und sind meist vor allem mit viel mehr Pein, Mühe und Demütigung verbunden, als für Personen, die die Zugehörigkeit mit der Muttermilch aufgesogen haben und sie somit nur verlieren können, aber nicht erreichen müssen. Die Elite bleibt gerne unter sich und weiß auch gut, sich ihre Privilegien zu sichern. Natürlich immer unter dem Deckmantel der eigenen Leistung. So wird über den familiären Hintergrund der fünf reichsten Menschen der Welt[103] nicht allzu oft gesprochen und das ist auch verständlich – der Mythos des Self-Made-Milliardärs klingt schöner, als zuzugeben, dass man natürlich auch sehr viel bessere Startchancen hatte. In ihrem Lied *Junge Milliardäre* singen UWE:

> »Alles was ich brauche, ist nur eine Idee (…) hätte ich nur ein bisschen Zeit, ich könnte alles haben, doch ich muss zur Arbeit um sechs Uhr früh, muss steh'n in der Bahn und brauch' dringend Koffein, ich schätze es kriegt jeder was er verdient und ich steig bald aus, aus der Maschinerie oh, ich muss zur Arbeit um sechs Uhr früh (…).«

Mussten die derzeit fünf reichsten Männer der Welt, Elon Musk, Bernard Arnault, Jeff Bezos, Gautam Adani und Bill Gates je um sechs Uhr früh zur Arbeit? Waren sie je damit beschäftigt, genug Geld zu verdienen, um die notwendigsten Rechnungen zu bezahlen, weil ab der Monatshälfte das Geld schon wieder so knapp wurde, dass man auf Sonderangebote warten und sich überlegen musste, die Energierechnung oder den Schwimmkurs für die Kinder zu bezahlen? Die spärlichen Informationen, die man über die reichsten Menschen der Welt findet, legen diesen Schluss zumindest nicht nahe. Natürlich ist der Umstand, dass die Elite auf dem Grundsatz der ›Egalität‹ – somit einer gleichberechtigten Gesellschaft, in der theoretisch jede Person die gleichen Chancen hat – aufgebaut ist, keine neue Erkenntnis. Die großartige Birgit Rommelspacher nannte dies die »Dominanz einer ›egalitären‹ Gesellschaft«: »Diese relative Unsichtbarkeit, die Verborgenheit von Dominanz, kommt dem Anspruch der modernen Gesellschaft nach Gleichheit sehr entgegen. In diesem Sinne ist Dominanz moderner als Repression, denn zum westlichen Selbstverständnis gehört das Leugnen von Ungleichheit.«[104]

Wenn wir nun aber davon ausgehen, dass sie alle ›Self-Made‹ sind und es jede*r andere mit ausreichend viel Fleiß, Vision und Durchhaltevermögen genauso schaffen könnte, dann lassen sich die Bedingungen, unter denen diese Herren ihr Vermögen aufgebaut haben und weiter vermehren, auch besser rechtfertigen. Anders sind weder die Ausbeutung der Arbeitskräfte in deren Unternehmen, noch die fehlende gesellschaftliche und ökologische Verantwortung (man erinnere sich an die neue Hobbyform des Glied-Vergleichs: einmal schnell ins All und zurück) zu rechtfertigen. Solange das Motto aber lautet: »Gönn Dir, weil Du hast es selbst erarbeitet unter denselben Bedingungen wie jede*r andere«, solange ist eine nachhaltige und spürbare Veränderung nicht zu erwarten.

Aber nehmen wir ein Beispiel, das uns möglicherweise näher ist: Marie hat Betriebswirtschaft studiert. Ihre alleinerziehende Mutter ist an Multipler Sklerose erkrankt und war bereits während Maries Studienzeit pflegebedürftig und nicht mehr in der Lage zu arbeiten. Marie finanziert sich ihr Studium durch Kellnern, sie pflegt ihre Mutter und finanziert sie mit, da Frühpension und Pflegegeld die Fixkosten nicht decken. Marie hat solide Noten, sie schließt das Studium knapp über Durchschnittszeit ab. Aufgrund ihrer persönlichen und finanziellen Situation absolvierte Marie keinerlei (meist unbezahlte) Praktika oder universitäre Auslandsaufenthalte. Paul ist Maries Kommilitone. Er hat in Mindestzeit studiert und unter den besten

5% sein Studium abgeschlossen. Gleich nach dem Studium absolviert er einen Master an einer renommierten amerikanischen Universität. Während seines Studiums war er ehrenamtlich für einen Sozialverein tätig, absolvierte zwei unbezahlte Praktika im Ausland und studierte ein Semester in Spanien. Seine Eltern finanzierten ihm bis zum Zeitpunkt seines ersten Jobs sowohl sein Leben als auch seine Studien. Nun bewerben sich Paul und Marie auf denselben Job und wir können uns vorstellen, wer von den beiden es in die nähere Auswahl schafft. Spiegeln die beruflichen Chancen die Leistungen und Verantwortung, die die beiden in ihrem jungen Leben getragen haben, wider? Ich denke, das kann bezweifelt werden. Natürlich, am Papier stehen Marie und Paul dieselben Chancen offen. Faktisch hat Paul aufgrund der privilegierten Position in der er sich (nicht unbedingt nach außen hin sichtbar) befindet, aber sehr viel bessere berufliche Startchancen als Marie. Eliten können so, unter dem Deckmantel der Objektivität, unter sich bleiben, ganz ohne ihre Privilegien offen zur Schau stellen zu müssen. In Deutschland und Österreich ist die Durchlässigkeit für Arbeiter*innenkinder in das (Groß) bürger*innentum immer noch kaum gegeben. Der Soziologe Michael Hartmann widmet einen Großteil seiner Arbeit dem Thema ›Eliten‹, wie sie entstehen aber vor allem, wie sie unter sich und undurchlässig bleiben. Dies überprüfte er anhand der Lebensläufe der Vorstandsvorsitzenden der 100 größten deutschen Unternehmen, jeweils in den Jahren 1970, 1995, 2005, 2015 und 2020. Über den gesamten überprüften Zeitraum hinweg, stammte lediglich ein Fünftel aus der Mittel- und Arbeiterschicht. Das Groß dieser »Leistungseliten« stammt also aus dem Großbürgertum oder dem Bürgertum.[105] Hartmann trifft im Zusammenhang mit sozialer Rekrutierung ein sehr bedauernswertes Fazit: »Nimmt man das gesamte halbe Jahrhundert seit 1970 in den Blick, so weist keines der wesentlichen Merkmale eine so hohe Stabilität auf wie die soziale Rekrutierung. Zu allen Zeitpunkten stammten bzw. stammen mehr als vier Fünftel der Vorstandsvorsitzenden aus Familien des Bürger- oder des Großbürgertums, die in den Geburtsjahren der Manager ungefähr 4% der Bevölkerung ausmachten.«[106] Unabhängig davon, wie man diesen Umstand, dass die ›Leistungsgesellschaft‹ als solche schlicht nicht existiert und eben nicht jede*r alles gleich einfach/schwer schaffen kann, findet, liegt ja die Problematik vor allem darin, diesen Startvorteil konsequent zu ignorieren und sodann sozial schwachen Menschen auch noch vorzuwerfen, dass sie ihre Situation selbst zu verantworten haben. Ja natürlich gibt es Ausnahmen in alle Richtungen. Die gibt es immer.

Aber die Einsicht, dass es manche unter uns sehr viel schwerer haben als andere, scheint immer noch in vielen Bereichen ausständig. Hartmann stellte in seiner Studie zu den Auswahlmechanismen von Topmanager*innen fest, dass der Hauptgrund für die soziale Rekrutierung wohl darin liegt, dass die Sprösslinge von (groß)bürgerlichen Familie sich sicher im Umgang mit bestimmten sozialen Konventionen fühlen und hier über ein Wissen verfügen, das jene die nicht damit aufgewachsen sind, faktisch nie aufholen können: »Ihre Söhne waren deshalb zumindest im Großen und Ganzen vertraut mit den Gepflogenheiten dieses Milieus und speziell auch mit der Ausübung von Macht als einem zentralen Element des dazu gehörenden Habitus.«[107] Wie einleitend dargestellt, beschränken sich Privilegien nicht auf das Vermögen allein. Sie können sich auch daraus ergeben, dass man bestimmte Diversitätsdimensionen besitzt, oder eben nicht. Im Zusammenhang mit sozialer Ungleichheit, ist das Vermögen lediglich ein Aspekt, der diese bedingt. Hartmann spricht hier den *Habitus* an. Es handelt sich dabei um einen Begriff der stark vom französischen Philosophen Bordieu mitgeprägt wurde. Er verstand darunter – vereinfacht – die Codes, die wir bereits durch das Umfeld, in das wir hineingeboren werden erlernen oder nicht. Darunter fällt, wie wir sprechen, gehen, uns kleiden, was wir essen, wo wir all diese Dinge tun, was wir sagen und was nicht usw. Für Personen, die nicht in einem solchen Umfeld aufgewachsen sind, ist es sehr schwer bis unmöglich, diesen Habitus nachträglich zu erlernen. In dem bürgerlichen bis großbürgerlichen Umfeld, in dem ich aufgewachsen bin, sprach man beispielsweise von ›Neureichen‹ – und das war keinesfalls anerkennend gemeint. (Was es ja hätte sein können, immerhin bedeutet es, dass jemand ohne gute Startchancen ein anschauliches Vermögen angesammelt hat. Eigentlich vorbildhaft, glaubt man an die ›Leistungsgesellschaft‹.) ›Neureich‹ war die Bezeichnung für Personen, die zwar über Geld verfügten, aber den Habitus nicht beherrschten, dieses vornehm, zurückhaltend (und dennoch eindeutig) nach außen zu tragen. Bildlich dargestellt, ist es Hassan, der sich von seinem ersten großen Bonus einen 7er-BMW oder die Omega-Uhr kauft, während der aus dem bayrischen Adel stammende Franz einen robusten Volvo fährt und eine klassische, teure aber schlichte Automatik-Uhr trägt.

Bei der notwendigen Sichtbarmachung von Privilegien geht es nicht darum, dass sie einen automatisch zu einem schlechten Menschen machen, sondern darum, dass wir diese anerkennen und ehrlich in uns hineinhören müssen, um zu verstehen, welche Eindrücke und Erfahrungen uns leiten und wie sie sich von anderen unterscheiden. Es geht nicht um Schuldzuweisung, sondern das Erkennen von Mechanismen und die Verantwortung für das eigene Handeln. Manchmal wird dann argumentiert, dass bestimmte Privilegien nicht greifen können, weil man in einer anderen Dimension Diskriminierung erfährt oder, dem diametral entgegenstehend, dass gewisse Gruppen gar nicht von Diskriminierung betroffen sein können, qua Privileg diskriminierungsfrei leben, quasi. Da wird beispielsweise angeprangert, dass der Fokus auf *race* die soziale Ungleichheit außer Acht lassen würde und durch kosmetische Maßnahmen, die Wurzel der Ungleichheit bestehen und ihre Blüten weiter sprießen lässt[108], oder dass Transfrauen keine ›echten‹ Frauen seien, sondern selbstgewählt die privilegierte Position ›Mann‹ verlassen hätten und damit nicht von den Kämpfen der Feminist*innen profitieren sollten. Dass solche Diskussionen nicht besonders zielführend sind, liegt auf der Hand. Der Umstand, dass jemand ein bestimmtes privilegiertes Merkmal besitzt, wie beispielsweise weiß und männlich zu sein, schließt nicht aus, dass er trotzdem von struktureller Diskriminierung betroffen ist. Etwa, weil er in eine kinderreiche Familie geboren wurde, die Mutter früh starb und der Vater mit Pflichtschulabschluss kämpfte, die notwendigsten Rechnungen zu bezahlen. Gleichzeitig ist es natürlich möglich, von struktureller Diskriminierung betroffen zu sein und zum selben Zeitpunkt von Privilegien zu profitieren. Als Rechtsanwältin bin ich hinsichtlich meines sozialen Status privilegiert, das schützt mich allerdings nicht vor Diskriminierungserfahrungen als Frau. Dennoch führt es dazu, dass ich mich besser dagegen wehren kann. Das heißt, dass es natürlich einen Unterschied macht, ob meine Privilegien oder die Diversitätsmerkmale auf Basis derer ich Diskriminierung erfahre, überwiegen. Piketty stellt fest: »Um für wirkliche Rechts- und Chancengleichheit ungeachtet jeder Herkunft einzutreten, muss man zunächst die soziale Gleichheit im Allgemeinen stärken.«[109] Und er hat Recht. Denn eine Hauptproblematik in den Bemühungen um Diskriminierungsfreiheit und Gleichheit liegt darin, dass soziale Ungleichheit und der wirksame Schutz vor Diskriminierung zusammenhängen. Sie bedingen sich insofern, als Personen, die Diskriminierung ausgesetzt sind, sich umso schlechter dagegen wehren können, je stärker sie von sozialer Ungleichheit betroffen sind. Denken Sie an eine Frau, die sich im Unternehmen permanent sexistische Sprüche anhören, ungewollte Berührungen durch ihren Chef oder das Einfordern von Nacktbildern durch ihre Kollegen ertragen muss. Nun ist ihre Situation umso beklemmender, je abhängiger sie von diesem Job ist. Wenn sie einfach gehen kann, ohne um ihre Existenzsicherung fürchten zu müssen, wird sie diesem Verhalten eher einen Riegel vorschieben können, als wenn dies nicht der Fall ist. Gleichzeitig dient Diskriminierung auch dazu, soziale Ungleichheit aufrecht zu erhalten. Nur, wenn sozial Privilegierte Unterschiede zwischen sich und jenen, die eben nicht privilegiert sind, glaubhaft darlegen können, können sie die faktische Ungleichheit auch rechtfertigen. Wie soll ein Geschäftsführer sein Millionengehalt sonst gegenüber dem Fabriksarbeiter begründen, der 20-mal weniger verdient, aber fast gleich viel arbeitet?

Der Umstand, dass es ein paar (sehr laute) Stimmen im deutschsprachigen Raum gibt, die einer sogenannten Minderheit angehören und sehr erfolgreich als Autor*innen, Speaker*innen, Influencer*innen oder Podcaster*innen tätig sind, ändert nichts an der grundsätzlichen, von Ungerechtigkeit geprägten Lebensrealität anderer (die Mehrheit bildenden) Menschen, die zwar Diversitätsdimensionen mit diesen erfolgreichen Persönlichkeiten, nicht aber ihren sozialen Status teilen. Natürlich ist gesehen und gehört zu werden, sich über grenzüberschreitende Erfahrungen beschweren zu können und eine wichtige Sprecher*innenposition zu haben, ein Privileg (das allerdings häufig auch mit eklatanten Nachteilen wie Anfeindungen oder gar Drohungen einhergeht). Vor allem dann, wenn es Menschen zukommt, die einer Gruppe zugeordnet werden, deren Mitglieder bislang nicht oder kaum gehört wurden, kann dies für Personen, deren eigene Redefreiheit bis vor kurzem völlig uneingeschränkt war und die sich letztlich ihrer rücksichtslosen Unantastbarkeit immer sicher sein konnten, irritierend sein. Sie empören sich über den Gegenwind und der ihnen gefühlt auferlegten Beschränkungen, insbesondere darüber, was sie nicht mehr sagen dürfen. Das darf aber nicht zu der Fehlannahme führen, dass die angeprangerten diskriminierenden Mechanismen nicht mehr bestehen, nur weil nun ein Diskurs über sie stattfindet. Schließen wir dieses Kapitel mit Aladin El-Mafaalanis treffender Zusammenfassung:

> »Es setzen sich also in aller Regel nicht die Benachteiligten gegen Benachteiligung ein, sondern hochgebildete und statushohe Menschen, die einer benachteiligten Gruppe angehören oder ein benachteiligendes Merkmal aufweisen. Die Tatsache, dass sich die eher Privilegierten unter den Stigmatisierten zu Wort melden, ist dabei keineswegs ein Manko und sollte auch nicht problematisiert werden. Die Wahrnehmung von Diskriminierung und die Fähigkeiten, Rassismus zu erkennen und zu benennen, sich zu vernetzen und Gehör zu verschaffen auf der einen Seite (als innere Faktoren) sowie die entsprechende Position beziehungsweise Sprecherposition, am Diskurs über-

haupt teilnehmen zu können (äußere Statusfaktoren), spielen hier zusammen und sind Zugangsbedingungen zum öffentlichen Diskurs. Genau dies ist ein zentrales Kennzeichen von Macht- und Herrschaftsverhältnissen. Und dieser Umstand kann dann aber auch dazu führen, dass privilegierte PoC zu weißen Menschen in prekärer Lebenslage sagen: ›Check your privilege‹.«[110]

5 Das Schreckgespenst ›Sprachpolizei‹

»Ich drück‹ mich jetzt sicher politisch inkorrekt aus, aber ...« (Herr Norm)

5.1 Was will die ›Sprachpolizei‹?

In der Debatte rund um ›die Sprachpolizei‹ geht es letztlich um folgende Fragen:

- Wer darf was sagen?
- Wie ist wer beziehungsweise was zu benennen?
- Wer fühlt sich angesprochen beziehungsweise wer wird sprachlich ausgeschlossen?

»Was darf man denn überhaupt noch sagen?«, fragt nicht nur eine erschöpfte Mutter eines Teenagers. Viele Personen, die der ›Dominanzgesellschaft‹ angehören, fragen das auch und vor allem dann, wenn sie sich unbeobachtet fühlen. Meinem Eindruck nach, würde jede*r diese Frage unterschiedlich beantworten, je nach Person, Position und Perspektive.

In meinen Workshops zu Diskriminierungsschutz bearbeiten wir oft kurze Praxisbeispiele, wobei die Teilnehmenden einordnen müssen, ob es sich um ein grenzüberschreitendes Verhalten handelt oder nicht. Wir diskutierten folgenden Fall:

Frau F. (20) trägt ein neues Kleid, Kollege M. (25) in anerkennendem Ton: »Oh, du bist heute aber chic, das Kleid steht dir wirklich gut.« Frau F. erwidert lächelnd: »Nicht wahr? Das ist im Moment auch mein Lieblingsstück.«[111]

Ich bat die Teilnehmenden eines Workshops, sich im Raum zu verteilen, ganz hinten, wenn sie fanden, dass gar keine Grenzüberschreitung ersichtlich sei, ganz vorne, wenn sie es als klar grenzüberschreitend empfanden. Bis auf eine Teilnehmerin ordneten sich alle vorwiegend im hinteren, ein paar wenige im mittleren Teil des Raumes ein. Eine Teilnehmerin ganz hinten, rief nach vorne »Na, da muss man aber ein ordentliches Problem haben, wenn man das als Diskriminierung empfindet.« Es entspann sich eine Diskussion, vor allem aber darüber, ob diese Aussage der Teilnehmerin legitim war. War sie nicht, denn auch wenn rechtlich keine Diskriminierung vorliegt, kann man einen Kommentar über ein Kleidungsstück unangenehm finden. Macht das M. zu einem Sexisten? Nein. Macht es die Situation objektiv diskriminierend? Ebenfalls nicht. Die Gefühle einer Person deswegen zu negieren ist trotzdem nicht in Ordnung. Gerade in solchen Situationen bedarf es aber der betroffenen Person (auch mit Unterstützung) zu erklären, wieso sie etwas als grenzüberschreitend wahrgenommen hat. Sie darf dann auch erwarten, dass ihre Gefühle respektiert und nicht kleingeredet werden. Angemessen wäre es also von der Teilnehmerin gewesen, ihre Kollegin zu fragen, wieso sie diesen Kommentar als grenzüberschreitend wertet. Jeder Mensch ist anders und so verwundert es nicht, dass auch Menschen, die von Diskriminierung betroffen sind, diese unterschiedlich wahrnehmen. Es dient dem Diskurs aber nicht, die Aussage oder die Reaktion darauf zu moralisieren oder zu essentialisieren. In vielen Diskussionen gibt es kein richtig oder falsch, sondern die ein- oder andere Wahrnehmung, die beide zu respektieren sind. Natürlich ist es einfacher, wenn uns eine klare Trennlinie zwischen richtig und falsch zur Verfügung gestellt wird, nur leider gibt es die eben oft nicht.

Pauschale Herabwürdigungen und Verletzungen sind niemals in Ordnung. Niemals. Gleichzeitig darf das Argument, ein Verhalten sei diskriminierend nicht zum Abwürgen notwendiger Debatten führen. Diskursive Kritik, insbesondere auch an Wertevorstellungen – gerade in einem säkularen, demokratischen Staat – muss weiterhin problemlos möglich sein. Manchmal entsteht aber der Eindruck, hier wird von der jeweils anderen Seite alles in einen Topf gepackt, ohne zwischen einer diskurseröffnenden Kritik oder Infragestellung und einer pauschalen Herabwürdigung zu unterscheiden. Das Damoklesschwert entweder als ›rechts‹ oder als ›völlig übersensibel‹ eingestuft zu werden, hängt dabei regelmäßig in der Luft. Glauben wir, dass dadurch die Wut hinter vorgehaltener Hand nicht wächst? Glauben wir, dass Lippenbekenntnisse und tatsächlicher Wille dann nicht umso mehr auseinanderklaffen? Ich glaube das nicht.

Es ist wichtig, so viele Menschen wie möglich, für die Bedeutung darüber, was und wie man etwas sagt, zu sensibilisieren. Leider wird die Debatte jedoch manchmal in einem Elfenbeinturm geführt. Von Personen, die bis vor wenigen Jahren überhaupt nicht mit bestimmten Lebensrealitäten konfrontiert waren, zu erwarten, sich in jeder Situation perfekt politisch auszudrücken (und sie anderenfalls öffentlich zu verurteilen), ist in etwa so, wie wenn wir damit beginnen, einem Kind, das noch nicht einmal sattelfest multiplizieren kann, das Wurzelrechnen beizubringen. Wir können uns dabei erhaben und stark fühlen, aber ob das Kind dann wirklich Lust hat, sich weiter mit Mathematik zu befassen, darf bezweifelt werden.

»Ich habe einmal gehört, dass ›überpigmentiert‹ die richtige Bezeichnung für eine schwarze Person ist«, sagte ein Teilnehmer bei einer Antidiskriminierungs-Schulung. »Also Schwarz darf man schon mal gar nicht mehr sagen«, meinte ein anderer, »wenn dann dunkelhäutig oder farbig.« »Ja, richtig«, schaltete sich jetzt die Personalleiterin ein »farbig stimmt sicher, aber überpigmentiert geht glaube ich nicht.« An sich finde ich es gut, wenn sich die Teilnehmenden untereinander rege austauschen, aber hier beschloss ich nun doch einzugreifen, bevor sie weiter mit Falschinformationen um sich warfen. Immer wieder erlebe ich in meinen Schulungen, dass eine große Unsicherheit der Teilnehmenden darüber besteht, wie bestimmte marginalisierte Gruppen bezeichnet werden sollen oder dürfen. Dabei stellt sich nicht nur die Frage des *wie*, sondern auch die des *warum*. Im Folgenden werden einige Begriffe dargestellt, die besonders oft zu Verwirrung führen, wobei ich gleich an dieser Stelle anmerke, dass sich die Begrifflichkeiten durchaus wandeln können und die nunmehr vorgeschlagenen Formen lediglich jene sind, die häufig in der aktuellen Literatur vertreten sind.

Unser Weltbild ist von Sprache geprägt, gleichzeitig reflektiert unsere Sprache unser (individuelles) Weltbild. Wie wir etwas sagen und wen wir in welcher Form benennen, führt nicht nur unvermeidbar zur Entstehung von Bildern in den Köpfen unseres Gegenübers. Es spiegelt auch wider, ob wir gewillt sind, anderen respektvoll zu begegnen. Immer noch sind wir umgeben von verletzenden Wörtern, die jenen, die sie nicht tangieren, kaum auffallen. Und doch, ganz so unbekümmert kommen viele Begriffe nicht mehr über die Lippen. Teils scheinbar aus Trotz, teils aus Unsicherheit oder fehlendem Wissen, werden manche trotzdem noch verwendet. Für jene, die den Trotz besiegt und sich nun ihrer Unsicherheit stellen möchten, hier ein paar Begriffe, die offensichtlich manchmal Schwierigkeiten bereiten:

Auch wenn Schimpfwörter selten rational verwendet werden, so lässt sich in Bezug auf diese doch eine Grundregel aufstellen: Die Beschreibung eines Diversitätsmerkmals eignet sich nicht für eine Beschimpfung oder als negatives Adjektiv. Also lassen wir es. Anderenfalls nehmen wir nicht nur in Kauf die andere Person woanders zu verletzen, als wir dies eigentlich intendiert hatten. Wir werten dieses Diversitätsmerkmal auch ab, weil durch seine Verwendung als Schimpfwort suggeriert wird, dass es *an sich* schlecht ist. Hier ein paar Beispiele, die wir tunlichst aus unserem Schimpfwörter-Repertoire streichen sollten: Spast (es heißt Cerebralparese und es zu haben ist eine Zustandsbeschreibung, kein Schimpfwort), schwachsinnig, debil, Krüppel, Fotze, Hure, Schlampe, Weichei, Warmduscher oder Kampflesbe (was soll das überhaupt sein?). Sollten Sie die beiden oben gebrachten Argumente nicht überzeugen, so hilft vielleicht der Hinweis, dass die Verwendung solcher Begriffe viel mehr über die Person aussagt, die sie verwendet, als jene, die dadurch beschimpft werden soll. Dasselbe gilt für Adjektive, die in einem negativen Kontext verwendet werden, und damit ein bestimmtes, falsches Bild reproduzieren. Das bekannteste Beispiel ist hierfür die Verwendung von ›schwarz‹ als negativ konnotierter Begriff, wie schwarzes Schaf, schwarzer Peter, »Schwarzfahren, schwarze Magie, schwarzer Tod (...) [denn sie] zeigen, dass Schwarz unweigerlich mit Abwertung verknüpft wird.« [112] Dasselbe gilt für ›schwul‹ oder ›homo‹ in einem negativen Kontext.

Sodann gibt es einige Begriffe, die stark nationalsozialistisch geprägt sind (wenn sie auch möglicherweise nicht von den Nazis erfunden wurden) und daher nicht mehr verwendet werden sollten. Dazu zählen unter anderem: Bis zur Vergasung, jedem das Seine oder ausmerzen.

Unsicherheit besteht häufig auch über die Frage, wie über Personen mit Behinderung gesprochen werden soll. Generell gilt: »Es gibt keine ›behindertengerechte‹ Sprache, aber sie sollte ›menschengerecht‹ eingesetzt werden und Sachverhalte adäquat benennen.«[113] Person mit Behinderung oder behinderte Person, ist dem pauschalen Begriff der ›Behinderten‹ jedenfalls vorzuziehen.[114] Betreffend konkreter Behinderungen sollte auch hier die Verwendung von Begriffen achtsam erfolgen. So sind beispielsweise gehörlose Personen eben gehörlos oder auch taub, aber keinesfalls stumm, weshalb der Begriff ›taubstumm‹ nicht gebraucht werden sollte. Personen mit Trisomie 21 sind nicht ›mongoloid‹ und kleinwüchsige Menschen sind definitiv keine Fabelwesen und damit weder ›Liliputaner‹ noch ›Zwerge‹.

Personen, die sich nicht oder nicht vollständig mit dem Geburtsgeschlecht identifizieren, sind trans*. Dabei gibt es allerdings unterschiedliche Unterformen, wie transident, transgeschlechtlich oder transsexuell. Personen, die sich weder nur männlich noch nur weiblich identifizieren sind ›non-binär‹ (teilweise wird hierfür auch der Begriff enby verwendet). »Grundlegend wichtig ist es, Menschen nach der eigenen Selbstbezeichnung zu fragen und diese zu respektieren.«[115]

Im Zusammenhang mit Geschlecht erscheint zudem ein Trick, den ich einmal gehört habe, sehr hilfreich: Wenn eine Bezeichnung komisch klingt, wenn man sie umdreht (z.B. Karrieremann, Familienmutter, Männerpower, Powermann), dann sollte sie wohl auch in der herkömmlichen Form (Karrierefrau, Familienvater, Frauenpower, Powerfrau) ausgespart werden.

Viel gesprochen wurde in den letzten Jahren aber vor allem über die Verwendung von verletzenden Begriffen im Zusammenhang mit der Herkunft. Begriffe, die nicht mehr verwendet werden sollten, weil sie verletzend sind, sind beispielsweise (‣) ›Indianer‹, das (‣) Z*-Wort, das (‣) N*-Wort, der Begriff (‣) ›Rasse‹, (‣) ›Häuptling‹, (‣) ›farbig‹, (‣) ›dunkelhäutig‹, (‣) ›Mischling‹ oder (‣) ›Mohr‹.

In diesem Zusammenhang muss allerdings berücksichtigt werden, dass es für viele Gruppen keine offiziellen Sprecher*innen gibt, was zur Folge hat, dass manche Personen, die nach vorgeschlagenen Definitionen wohl unter eine bestimmte Gruppe (beispielsweise BIPoC) fallen würden, eine solche Bezeichnung selbst ablehnen. Auch das gilt es zu respektieren. Canan Topçu schreibt beispielsweise in ihrem Buch »Nicht mein Antirassismus«:

> »›Von Rassismus betroffene Menschen‹, ›Opfer von Rassismus‹: Warum reichen diese Benennungen nicht aus? Auch auf diese Frage habe ich bisher keine überzeugenden Antworten erhalten. Welchen Erkenntnisgewinn haben wir davon, dass aus der Schnittmenge – Minderheit und Rassismuserfahrung – eine PoC-Gruppe gebildet wird? Ich sehe das Problem dieser Selbstbezeichnung auch darin, dass nicht alle Migranten und nicht alle Menschen aus Minderheitengruppen trotz Ausgrenzungserfahrungen Opfer oder PoC sein wollen.«[116]

Durch Sprache niemanden zu verletzen, ist eine Grundvoraussetzung für ein Miteinander auf Augenhöhe. Aber die richtigen Worte zu verwenden, reicht allein nicht aus, um eine gerechtere Gesellschaft zu schaffen. Sozial adäquates Verhalten, ohne dass diesem auch eine entsprechende Überzeugung zu Grunde liegt wird als ›Eindrucksmanagement‹ bezeichnet. Dieses erscheint mir gerade im Bereich Diversität besonders stark ausgeprägt. Was haben wir – als Gesellschaft – denn davon, dass Mächtige eine diversitätssensible Sprache und ihre Codes erlernen, ohne tatsächlich etwas ändern zu wollen? Was haben wir davon, wenn in einem elitären Kreis, sämtliche diskriminierungskritische Hintergründe verstanden werden? So wichtig eine diversitätssensible Sprache auch ist, so sehr glaube ich, dass sie nicht dazu dienen darf, selbst exkludierend zu wirken, etwa, indem man Personen von Debatten ausschließt, die genuin gute Intentionen haben.

5.2 ›Cancel Culture‹

Wenn wir von ›Cancel Culture‹ sprechen, meinen wir allgemeinhin Ausschlusspraktiken von linker, woker Seite. Auch wenn diese Praktiken wirklich sehr unangenehm ausfallen können und nicht selten feindselig und ungut daherkommen, darf keinesfalls ausgeblendet werden, dass der Hass und die Anfeindungen die linken Aktivist*innen entgegenschlägt dem um nichts nachsteht. Im Gegenteil. So gründet sich die Wut von der einen Seite, auf jene der anderen und heizt sich das immer weiter auf, wobei am Ende viel Energie verbraucht wurde, oft ohne merkliches Ergebnis. Nun was ist Cancel Culture denn überhaupt?

Thomas Gottschalk war *der* Talkmaster meiner Kindheit. Meine Schwester und ich fieberten immer auf die *Wetten, dass…?*-Samstage hin, ich hatte das Gefühl, die Schauspieler*innen und Sänger*innen, die bei ihm zu Gast waren, saßen auf unserer Couch zu Hause. Weder achtete ich auf die Hautfarbe der Gäste noch darauf, wie Gottschalk mit seinen weiblichen und männlichen Gästen sprach, noch darauf, zu wessen Lasten seine Witze gingen. Weil ich darauf nicht achtete – denn in meiner wahrgenommenen Realität spielten Rassismus oder Sexismus schlicht keine Rolle – kann ich mich auch nicht daran erinnern. Die ersten drei Sendungen, die mir nun auf *YouTube* unter »Wetten dass« angezeigt werden, erstaunen mich dann doch. In einer Sendung aus dem Jahr 1999 sitzt die Eiskunstläuferin Katharina Witt in einer rot-schwarzen Robe neben Gottschalk. Nachdem sie kurz über das Erscheinen ihrer Fotos im Playboy und den Umstand, dass ihre Mutter sie ohnehin als erste nackt gesehen habe, gesprochen haben, kommt Gottschalk – thematisch naheliegend – auf die Träger ihres Kleides zu sprechen (»Jetzt mache ich mir schon große Sorgen um die Träger hier, guck mal« [er zeigt mit dem Finger auf ihre Schulter, die Kamera zoomt hin] Gottschalk weiter: »*Schaffen wir das? Die sind sehr dünn angelegt?*«) Kurz darauf fängt er an mit ihrer Stola zu spielen und zu versuchen, ihr diese wegzuziehen.[117] Derselbe Schmäh (»Bist Du sicher, dass die Träger halten?«) findet sich auch in der Sendung, die mir *YouTube* als nächstes vorschlägt. Diesmal sitzt Gottschalk das Model Nadja Auermann gegenüber, der er nebenbei auch dazu gratuliert, nicht so dünn zu sein, wie die anderen Models: »Du bist Gott sei Dank (…) Also da merkt man, wenn man hin fasst, ist nicht alles im Eimer«.[118]) Ich wage zu behaupten, dass man mit solchen Aussagen Bücher füllen könnte, würde man sich Sendung für Sendung ansehen.

Nun kann man sagen, es war eine andere Zeit, und das stimmt. Das Unrechtsbewusstsein war nicht vorhanden, auch weil die von Diskriminierung betroffenen Menschen sich vielfach noch nicht in solchen Machtpositionen befunden haben oder über ausreichend Macht verfügten, um auf ihre Diskriminierungserfahrungen hinzuweisen und dabei auch gehört zu werden. Bevor sich Gottschalk selbst in die Diskussion der Cancel Culture eingebracht hat, standen er oder andere Medienmacher*innen seiner Zeit, meinem Eindruck nach, nicht besonders im Fokus der Debatte oder wurden wegen spezifischem grenzüberschreitendem Verhalten vor einem Millionenpublikum in ihren Sendungen verurteilt. Nun gibt es für den Umgang mit problematischem Verhalten aus der Vergangenheit, in der man eben noch unreflektiert war und es ›nicht besser wusste‹ grundsätzlich zwei Möglichkeiten: Man versucht, die neu gewonnen Erkenntnisse umzusetzen und weiter zu lernen und sich – im besten Fall – auch von früherem Verhalten zu distanzieren. Wie etwa die Band *Die Ärzte*, die bei einem Konzert ihr Lied Elke nicht mehr spielten, weil es »fatshaming und misogyn« sei. »So was spielen wir nicht mehr, das ist letztes Jahrtausend.«[119] Nach heutigem Standard ist das Lied diskriminierend, damals stand nicht dieser Aspekt, sondern der Witz im Vordergrund. Die Reaktion der Musiker zeigt, dass man, ohne sich mit Selbstvorwürfen einzudecken, gesichtswahrend zeigen kann, dass man gelernt hat und seine Konsequenzen zieht.

Eine Alternative hierzu – und damit die zweite Möglichkeit – ist es freilich, gar nicht zu reflektieren und sich polternd die guten alten Zeiten zurückzuwünschen. Das hat eine Gruppe deutscher (mehr oder weniger) Prominenter – darunter auch Thomas Gottschalk – in der Sendung *Die letzte Instanz* gemacht. Unter anderem wurden da von den ausschließlich weißen Teilnehmenden darüber debattiert, dass sie selbst die Verwendung bestimmter Begriffe nie thematisiert haben und nicht verstehen, wieso diese jetzt ein Problem darstellen sollten. Unter anderem wurden die nunmehr gestellten Forderungen von betroffenen Personen nicht mit verpönten Begriffen bezeichnet zu werden als »humorlos« oder »nervig«, quittiert und mehr Lockerheit mit rassistischen Begriffen eingefordert.[120]

Es ist nicht verwunderlich, dass die Reaktion in den sozialen Medien sehr harsch ausfiel. So berechtigt die Kritik an den unreflektierten, teils auch beleidigenden und verletzenden Aussagen der Diskussionsteilnehmenden war, persönliche, bedrohliche und aggressive Angriffe erscheinen nicht die Art von Reaktion zu sein, die besonders konstruktiv ist. Gottschalk schien das aber unberührt zu lassen. In einem Interview mit der *Süddeutschen Zeitung*[121] legte er nach und kritisierte, dass seine jungen Nachfolger*innen im Showbusiness »weichgekocht und so ängstlich« seien, dass sie sich nichts mehr zu sagen trauten. Methode Angriff als Verteidigung vom Angriff auf den Angriff, Einsicht liest sich anders.

Nun wird oft vorgebracht, dass es tatsächlich gar keine Cancel Culture gäbe, damit vielmehr ein (oft doch recht unangenehmer) ›Shitstorm‹ in den sozialen Medien gemeint sei, der aber an sich nichts verbietet, sondern schlicht verurteilt. Ganz stimmt das nicht, denken wir beispielsweise an das Verbot der Stadt Würzburg, das Lied *Layla* auf Volksfesten zu spielen, weil dessen Text zu sexistisch sei[122] (was dem Bekanntheitsgrad des Lieds aber keinesfalls geschadet haben dürfte), die Absage des Vortrags der Biologin Marie-Luise Vollbracht, die darüber sprechen wollte, dass es biologisch lediglich zwei Geschlechter gibt[123], weil es sich dabei um eine queerfeindliche These handle (der Vortrag wurde allerdings nachgeholt[124]), das Ausladen der österreichischen Kabarettistin Lisa Eckhart vom Harbourfront-Literaturfestival in Hamburg, weil ihr vorgeworfen wurde antisemitische und rassistische Klischees zu bedienen[125] (letztlich wurde sie dann doch wieder eingeladen, allerdings wollte sie dann nicht mehr kommen[126], ihr durch diese Geschichte gestiegener Bekanntheitsgrad war vermutlich ein angenehmer Nebeneffekt) oder das Ausladen der Sängerin Ronja Maltzahn von einem Fridays for Future Event in Hannover, weil sie – als Weiße – Dreadlocks trägt.[127] Aus demselben Grund wurde das bereits angesprochene Konzert der Schweizer Reggae-Band Lauwarm in Bern abgebrochen – Besucher*innen hatten sich wegen der Dreadlocks von zwei weißen Bandmitgliedern unwohl gefühlt. Drei Wochen später wurde die Band gleich ganz von einem anderen Event ausgeladen.[128] Dabei handelt es sich aber um unterschiedliche Fallkonstellationen. Es ist nicht dasselbe, ob man diskriminierenden Inhalten in einem Programm Raum gibt und Veranstalter*innen dies schlicht ablehnen, oder, ob man aufgrund seines Aussehens ausgeladen wird, weil einzelne Personen das als störend empfinden. Bei letzterem handelt es sich – aus meiner Sicht – um überbordenden und wenig konstruktiven Aktivismus. Bei ersterem um den Versuch, diskriminierendes und herabwürdigendes Gedankengut nicht zu reproduzieren. Der Grad zum unsachgemäßen Eingriff in die Kunst- und Meinungsfreiheit ist dabei zugegebenermaßen sehr schmal.

Klar, es sind Einzelfallentscheidungen aber sie für sich alleine zu betrachten, käme auch zu kurz. Für junge Künstler*innen, die noch nicht in die Starriege einer Lisa Eckhart aufgestiegen sind (für die eine medienwirksame Ausladung auch eine maximale Werbung darstellt), können diese Beispiele auch insofern abschreckend und im eigenen Fall existenzbedrohend sein, sodass sie sich in vorauseilendem Gehorsam, erst gar nicht trauen, bestimmte Dinge zu sagen oder zu schreiben. In einem offenen Brief mit dem Titel *Widerstand darf kein Dogma werden* von 153 Intellektuellen, der im Sommer 2020 gleichzeitig in der *ZEIT*, dem *Harper's Magazine, Le Monde, La Repubblica* erschien, prangerten diese die zunehmende Einschränkung der freien Meinungsäußerung und die damit einhergehende existenzielle Bedrohung an[129]:

> »Redakteur_innen werden entlassen, weil sie umstrittene Beiträge gebracht haben; Bücher werden wegen angeblicher mangelnder Authentizität zurückgezogen; Journalist_innen dürfen über bestimmte Themen nicht schreiben; gegen Professor_innen wird ermittelt, weil sie im Unterricht gewisse literarische Werke zitiert haben; einem Forscher wird gekündigt, weil er eine einschlägig begutachtete akademische Studie in Umlauf gebracht hat; und Vorstände von Organisationen werden ausgetauscht, weil sie ungeschickte Fehler gemacht haben.«

Es ist sicher richtig, dass ein Verbot selten dazu führt, konstruktiv zu diskutieren und dass ein befürchteter ›Shitstorm‹ einem solchen Verbot gleichkommen kann. Dabei darf allerdings nicht vergessen werden, dass Wellen von erbarmungslosem Hass und unfundierter Kritik gerade auch solchen Personen zu Teil werden, die sich um Diskriminierungsfreiheit bemühen und auf Grenzüberschreitungen aufmerksam machen. Um voneinander zu lernen, sind wir darauf angewiesen, der Meinung anderer Platz zu machen, denn ein offener Diskurs ist die Grundlage für eine funktionierende, pluralistische Demokratie. Uns wäre vermutlich allen geholfen, wenn wir das – vor allem in den sozialen Medien – herrschende Paradigma: ›Du bist anderer Meinung als ich, also ist deine Meinung falsch‹, ersetzen würden durch ›ich bin derzeit anderer Meinung als Du, aber ich höre mir deine Meinung an und verteidige, dass Du sie angstfrei sagen darfst‹. (Entsprechend dem, Voltaire zugeschriebenen, aber vermutlich nicht von ihm stammenden, Zitat: »Ich bin zwar anderer Meinung als Sie, aber ich würde mein Leben dafür geben, dass Sie Ihre Meinung frei aussprechen dürfen.«)

5.3 Exkurs: Antimuslimischer Rassismus oder Religionskritik?

Als Jugendliche kam ich in einen Freundeskreis, der sehr stark katholisch geprägt war. Viele meiner Freund*innen gingen sonntags und nach dem Weihnachtsfest in die Kirche, einige waren Ministrant*innen, viele Mädchen sahen bereits als Teenager ihre Lebensbestimmung darin, einmal viele Kinder zu bekommen (und das hat sich auch für einige verwirklicht, was mich für sie freut, denn sie scheinen ihr Glück gefunden zu haben). Manchmal war ich von Messen fasziniert, aber ich fühlte mich nie wirklich zugehörig. Mit Anfang 20 trat ich dann aus der Kirche aus. Mittlerweile bin ich Atheistin aus Überzeugung und lehne persönlich jegliche Form der Religion strikt ab. Auch finde ich, dass Religionen in keiner Weise allgemeingültige Regeln für unser irdisches Leben vorgeben dürfen, deren Einhaltung man dann auch von anderen erwartet. Ja, ich bin auch für die Abschaffung christlicher Feiertage und kann mir auch vorstellen, dass man über den Sonntag diskutieren darf. Freilich all das nicht durch Beschneidung der Arbeitnehmer*innen zustehenden freien Tage. Ich glaube nur, dass sie nicht religiös definiert werden sollten. Religionskritik ist wichtig, sie ist eine Grundlage einer Demokratie. Ob man eine Religion praktizieren möchte oder nicht, ist – aus meiner Sicht – eine reine Privatsache. Zu Recht standen die christlichen Kirchen, allen voran die katholische, in den letzten Jahren unter herber Kritik. Der lange – und weiterhin erforderliche – Weg hin zur Aufarbeitung der vielen Missbrauchsfälle ist grauenhaft, viele Opfer werden niemals Gerechtigkeit erfahren. Die starren Ansichten zu Homosexualität und Abtreibung sind absurd, das Verständnis der Rollen von Frauen und Männern noch mehr. Es ist gut und wichtig, dass die Kirche kritisiert wird, letztlich handelt es sich nämlich auch dabei um eine Institution mit massiver Macht. Ich bin nicht religiös und gehöre keiner Kirche an. Gleichzeitig erwarte ich mir die Freiheit, alle Religionen kritisieren zu können, ohne in ein rechtes Eck gestellt zu werden. Derzeit erscheint das im Zusammenhang mit dem Islam sehr schwer möglich. Wenn man davon ausgeht, dass man nur dann das Recht hat, zu sprechen, zu kritisieren und zu diskutieren, wenn man selbst davon betroffen oder Teil der ›Community‹ ist, dann würde das bedeuten, dass niemand, der nicht selbst Christ*in ist, die christlichen Kirchen und Religionen kritisieren darf. Ich glaube nicht, dass wir das wollen. Der Argumentationshammer des ›antimuslimischen Rassismus‹ darf eine solche, wirklich notwendige Debatte, nicht verhindern. Denn

Praktiken und Auslegungsformen einer Religion zu kritisieren, heißt nicht, pauschal Angehörige dieser Religion zu dämonisieren, oder anders: Es dürfte es nicht heißen. Denn egal welche Religion ich am Papier besitze, sagt dies nichts darüber aus, wie (und ob) ich diese lebe und praktiziere. Die Grundregel ist somit, dass absolut gar keine Ableitungen betreffend konkrete Personen lediglich aufgrund ihrer (tatsächlichen oder zugeschriebenen) Religion zulässig sind, bevor ich sie kennengerlernt habe und als Individuum sehe. Keine.

Das Problem ist aber, dass genau das (pauschale Ableitungen und Abwertungen) unter dem Deckmantel der demokratiepolitischen Notwendigkeit bzw. dem Grundrecht der freien Meinungsäußerung getan wird.[130] Da ist dann nicht die Rede von konkreten Ausrichtungen des Islam und inwieweit diese problematisch sind, sondern wird ein Bild von ›dem muslimischen Mann‹ und ›der muslimischen Frau‹ aber auch ›der muslimischen Familie‹ (ich bin sicher Sie assoziieren damit sofort bestimmte Bilder) gezeichnet, die negative Gefühle, Vorbehalte und vielleicht sogar Angst schüren, aber faktisch keinen konstruktiven Beitrag zu der Debatte liefern. Die Angehörigen der unterschiedlichen Religionen werden eben noch nicht gleichbehandelt und in gleicher Weise in ihrer Individualität erkannt. Dies ist erst der Fall, wenn es keinen Unterschied in der Wahrnehmung von Personen macht, ob ein Kreuz, ein Kopftuch oder eine Kippa getragen wird und gleichzeitig die Kritik an allen Religionen in gleicher Weise möglich ist, ohne diese im Rückschluss direkt auf den individuellen Menschen vor mir umzulegen. Es ist verständlich, dass diese Form der ›Kritik‹ von Betroffenen abgelehnt wird (und sicher nicht zu einem verständnisvollen Miteinander beiträgt). Gleichzeitig führt die Keule des antimuslimischen Rassismus aber dazu, dass auch valide Kritik nur ängstlich formuliert wird. Und das dürfte nicht sein, bzw. trägt zu einer freien Gesellschaft, in der jede*r größtmögliche Freiheit genießt nicht bei. Zwei Beispiele:

Beispiel 1: Wird man, aufgrund der Unterstützung mutiger Frauen im Iran, die sich immer lauter gegen ihre Pflicht, einen Hijab zu tragen, zur Wehr setzen, als ›islamophob‹ oder ›muslimfeindlich‹ beschimpft, so handelt es sich dabei um eine aus meiner Sicht absolut unzulässige und fehlgeleitete Bemerkung. Diese Frauen kämpfen unter Lebensgefahr für ihr Selbstbestimmungsrecht, darum, sich von einem absolut patriarchalen System nicht vorschreiben zu lassen, wie sie sich zu kleiden haben. Jede*r, der*dem ehrlich an der Einhaltung von Grundrechten gelegen ist, müsste auf ihrer Seite sein. Alles andere erscheint mir scheinheilig und gefährlich, denn es verhindert einen wirklich notwendigen Diskurs darüber, wie Religion als Herrschaftsinstrument insbesondere gegenüber Frauen angewandt wird.

Beispiel 2: In meiner Tätigkeit als Opferanwältin (was auch bedeutet, dass bei mir keine wohlhabende Personen ihre Immobilientransaktionen oder ähnliches durchführen, wäre das so, würde ich mit einem komplett anderen Gesellschaftsausschnitt zusammentreffen), begegne ich regelmäßig muslimischen Frauen, die von ihren Männern nach Österreich geholt werden, wo sie selbst schon länger gelebt haben. Ich kenne kaum vulnerablere Personen, denen mehr Leid und Ungerechtigkeit widerfahren ist. Die Handlungsweise, ist meiner Beobachtung nach dabei häufig sehr ähnlich: Die Ehemänner stellen ihren Frauen kein Geld beziehungsweise lediglich geringes Taschengeld zur Verfügung, schirmen sie von Sozialkontakten ab und kontrollieren was sie tun. Wenn sich die Frauen dann trennen möchten, kommt es – wenn dies nicht bereits zuvor geschehen war – zu physischen und verbalen Attacken. Sie drohen ihnen, ihr Leben zur Hölle zu machen, dass sie ihnen die Kinder wegnehmen. Dabei wird den Frauen von ihren Männern unter anderem auch zu verstehen gegeben, dass sie sich im Gegensatz zu ihnen, mit den österreichischen Gesetzen auskennen. Es handelt sich dabei oft um kluge, stolze und kämpferische Frauen, die nicht selten auch an die Liebe geglaubt haben. Sie nun dafür verantwortlich zu machen, dass sie aufgrund ihres Kopftuchs das Patriarchat nach außen tragen oder importieren würden, ist völlig absurd. Gleichzeitig ist aber das Kopftuch *das* Symbol, an dem sich Islamfeindlichkeit so oft aufhängt. So sehr ich es – aus meiner persönlichen Perspektive – nicht verstehen und tatsächlich auch nicht nachvollziehen kann, inwieweit es zu Tragen ein emanzipatorisches Moment besitzt, so sehr ist jede einzelne Frau, die ein Kopftuch trägt, ein Individuum mit ihrer persönlichen Geschichte, mit ihren Gründen. Stellen wir uns vor, wir würden das Kopftuch im öffentlichen Raum verbieten, würde das zur Änderung der Männer beitragen oder dazu, dass viele Frauen noch weiter an den Rand der Gesellschaft, noch stärker entrechtet würden? Wem würde das nutzen? Ergibt es nicht viel mehr Sinn, ihnen Platz zu geben, sie zu stärken, ihnen die Möglichkeit zu geben, sich von familiären patriarchalen Strukturen zu emanzipieren? Nun ist das ein Muster, dass ich als Anwältin erlebe, natürlich handelt es sich dabei weder um eine repräsentative Studie, noch verhalten sich alle muslimischen Männer so. Dennoch muss es möglich sein, diese Strukturen, bei denen die religiöse Prägung natürlich auch eine Rolle spielt, anzusprechen, ohne als Rassist*in beschimpft zu werden.

Immer wieder wird auch ausgeführt, dass man mit der Kritik am Islam als Religion anders, vorsichtiger, umgehen müsse, weil Muslim*innen im deutschsprachigen Raum noch immer eine Minderheit darstellen.[131] Wenn wir uns ansehen, welche Feiertage unser Leben prägen, welche Gotteshäuser unsere Straßen schmücken, dann ist das auch schwer abzustreiten. Die Partei, die in Deutschland 14 Jahre die Kanzlerin gestellt hat, hatte ›Christlich‹ sogar in ihrem Namen. Dennoch erscheint das Argument ein bisschen zu vereinfacht, denn auch radikale Minderheiten müssen kritisiert werden (dürfen), wenn ihre Handlungen sich auch negativ auf andere Menschen auswirken. Allerdings muss man sich dann der Gefahr bewusst sein, dass die von Muslim*innen als islamfeindlich aufgefasste Kritik zu einer Schließungstendenz führen kann.

5.4 Sprachlicher Ausschluss: Gendern

(‣) Gendern ist eine heiß diskutierte Debatte und interessanterweise reißt sie auch nicht ab. Dabei erscheint es mir, als würden sich vor allem jene besonders davon betroffen fühlen, die selbst nicht gendern. Viel öfter lese ich von Leuten, die sich über den ›Genderwahnsinn‹ beklagen, als darüber, dass eben ganz oft noch konsequent das (‣) generische Maskulinum verwendet wird. Es wirkt fast so, als käme allein der Umstand, dass wir Gender*innen anderen zumuten, etwas Gegendertes zu lesen, einem Vergehen gleich. Wieso tun wir es aber trotzdem? Und wieso ergibt es – bei allen Komplikationen – dennoch Sinn?

Es ist nun einmal so, dass mitgemeint nicht mitgedacht ist. Das Gegenteil wird auch nicht richtiger, wenn man es konsequent wiederholt. Und auch die grammatikalische Begründung – das generische Maskulinum stünde nun einmal für alle Geschlechter – ändert nichts daran, was in unseren Köpfen vor sich geht, denn Assoziationen halten sich nun einmal nicht an grammatikalische Regeln. Seien Sie ehrlich zu sich selbst, niemand sieht Ihnen dabei zu: Woran denken Sie bei

Ärzte, Anwälte, Lehrer, Krankenpfleger, Gärtner?

Gut und woran denken Sie bei

Ärzt*innen, Anwält*innen, Lehrer*innen, Krankenpfleger*innen, Gärtner*innen?

Denn ja, auch die erste Reihe war die Pluralform, aber es ist schwer, sich dabei auch Frauen vorzustellen. Studien haben die Auswirkung der Verwendung ungegenderter Sprache auf das Vorstellungsvermögen mehrfach nachgewiesen.[132] Auch die Verpflichtung, Stellenausschreibungen diskriminierungsfrei zu gestalten, rührt unter anderem daher, dass sich die Wahrscheinlichkeit, dass wir uns bewerben, erhöht, wenn wir uns auch direkt angesprochen fühlen.[133]

Ein weiterer Grund, liegt darin, dass es sich einfach um eine Frage des Respekts handelt. Der Unternehmer und Berater Stuart Bruce Cameron postete hierzu eine treffende Analyse auf einer Social Media Plattform:

> »In letzter Zeit gibt es zahlreiche Artikel und hunderttausende Kommentare zum Thema ›Gendern‹. Die meisten davon sind negativ. Bei genauerer Betrachtung fällt auf, dass sich kaum Mitglieder der woken Bewegung daran beteiligen. Woran liegt das? Ich glaube, dass es den meisten Menschen, die selbst gendern, egal ist, ob andere das auch tun. Menschen gendern vor allem aus Wertschätzung und aus dem Wissen, dass es schlicht mehr als zwei Geschlechter gibt.«[134]

Trotz dieser, aus meiner Sicht bestechenden Argumentation, haben sich Sprachwissenschaftler*innen offen gegen das Gendern im Öffentlichen Rundfunk ausgesprochen. In ihrem ›Aufruf‹ wird unter anderem kritisiert, dass durch die Praxis des Genderns die geltende Rechtsschreibung ignoriert und das Neutralitätsgebot missachtet würde. Zudem führe das Gendern zu einer »Sexualisierung der Sprache«, somit zu einer »permanenten Betonung der Geschlechterdifferenzen.« Zu Gendern sei idiologisch motiviert und werde von einer breiten Bevölkerungsmehrheit abgelehnt. Letztlich wird auch kritisiert, dass das Gendern zunehmend anhand von psycholinguistischen Studien argumentiert würde, die zudem keinen belastbaren Beleg dafür darstellen könnten, »dass generische Maskulina mental vorrangig ›Bilder von Männern‹ erzeugen. Vielmehr zeigt sich, dass die Kontextbindung, die zur Unterscheidung eines generischen von einem spezifischen Maskulinum entscheidend ist, in solchen Studien in wissenschaftlich unzulässiger Weise ausgeblendet wird.«[135] Mangels konkreter Angabe, welche Studien hier als nicht belastbar gemeint sind, weiß ich natürlich auch nicht, ob darunter beispielsweise auch jene, fallen, in der Kindern Berufsbezeichnungen gegendert und nicht gegendert vorgelesen wurden und die Kinder dann angaben, in welchen Berufen, sie sich sehen können. In den Fällen, in denen die Berufe gegendert wurden, trauten sich sowohl Buben als auch Mädchen eher zu, alle

Berufe selbst auszuüben, während bei nicht-gegendert vorgelesenen Berufen ein signifikanter Unterschied, zwischen der Wahl der Mädchen und der Buben vorlag.[136] Inwieweit hier ein Kontext fehlt, ist mir nicht ersichtlich.

5.5 Zwischenfazit

Es ist wichtig auf eine respektvolle Sprache zu achten, gleichzeitig, darf ›politisch korrekte‹ Sprache nicht darüber hinwegtäuschen, dass sich reale Machtverhältnisse nur sehr langsam verändern. Ein respektvoller Umgang, auch sprachlich, ist eine Grundvoraussetzung für ein Miteinander auf Augenhöhe, aber für sich stehend ist er kein Allheilmittel. Der französische Ökonom Thomas Piketty fasst dies wie folgt zusammen: »Terminologische Debatten müssen geführt werden, aber nur unter der Bedingung, dass sie dem Fortschritt in der Sache nicht behindern«[137] Tatsachlich scheint sich die Debatte und Empörung – zumindest in den sozialen Netzwerken – primär um Begrifflichkeiten zu drehen, die viele überfordern und, ja man kann es so sagen, manchmal einfach nerven und damit einem offenen Diskurs sehr hinderlich sind. Wie sollen wir uns denn über etwas unterhalten, wenn wir nicht wissen, wie wir es benennen dürfen und, bevor wir überhaupt ins Diskutieren kommen, gleich über die Art, wie wir etwas sagen, gemaßregelt werden? Was es braucht ist daher eine Balance, die das stetige Bemühen um diskriminierungsfreie Sprache einfordert und dabei den Raum für Gespräche und Weiterentwicklung offenlässt.

Fazit 1: Geben Sie Ihr Bestes, niemanden zu verletzen! Manche Begriffe können verletzten. In einem ersten Schritt gilt es das zu respektieren. Insofern es beispielsweise möglich ist, die andere Person zu fragen, wie sie bezeichnet werden möchte, so sollte dieser Weg gewählt werden. Ist dies nicht möglich oder geht es um eine Gruppenbezeichnung, so sollte jene Bezeichnung gewählt werden, die dem eigenen Wissensstand nach nicht verletzend ist. Auch das offene Ansprechen (»Ich bin nicht sicher, wie es geht, aber ich hoffe, ich habe nach bestem Wissen respektvolle Worte gewählt.«) kann beiden Seiten helfen.

Fazit 2: Informieren Sie sich über die Hintergründe! Das klingt dramatischer als es ist. Im Wesentlichen geht es schlicht darum, zu respektieren, dass manche Begriffe oder Behauptungen schlicht nicht in Ordnung sind und zu verstehen, warum dies so ist, anstatt damit zu argumentieren, »dass es immer schon so gemacht wurde«. Fehler sind – meiner Meinung nach – absolut in Ordnung, solange wir Hinweise darauf annehmen und nicht selbstgerecht abschmettern.

Fazit 3: Erwarten Sie keine Perfektion! Wenn wir davon ausgehen, dass jede Person, die grenzüberschreitende Äußerungen macht, dies mit Absicht tut und dies automatisch auch etwas über ihren (schlechten) Charakter aussagt, dann schließen wir einerseits die Möglichkeit aus, sich zu ändern und verhindern andererseits (und gleichzeitig) eine solche Veränderung.

Es gibt somit keine reale Sprachpolizei und faktisch keine Sprechverbote. Was es gibt, sind gesellschaftliche und soziale Reaktionen die, zugegebenermaßen, überschießend ausfallen können. Aber auch wenn es keine solche Sanktion zu befürchten gibt, bleibt die Frage, ob wir andere absichtlich verletzen möchten, wenn wir es eigentlich besser wissen. »Umgekehrt lässt sich nur schwer argumentieren, dass Vermeidung diskriminierender Sprache Glück mindert oder Leid vermehrt.«[138]

6 Sein & Schein: Wir sind alle voll Diversity

Am Begriff ›Diversity‹ kommen wir nur schlecht vorbei. Durch zahlreiche Hashtags (z.B. #diversitymatters), Postings oder (Werbe)Kampagnen machen viele Wirtschafts- und Politikakteur*innen darauf aufmerksam, dass ihnen ›Diversity‹ ein Herzensanliegen ist. Nur was genau bedeutet Diversity bzw. Diversität eigentlich?

> »Diversity meint (...) weder biologische noch institutionell-organisatorische oder nationale Pluralität, sondern bezieht sich auf die Vielfalt menschlicher Identitäten in Unternehmen, Organisationen, Institutionen, Staat und Gesellschaft.«[139]

Allgemein können drei Argumentationsmuster für Diversity Management unterschieden werden: Wirtschaftliche Vorteile, rechtliche Vorgaben sowie eine soziale Verpflichtung der Unternehmen. Leider scheinen der zweite und dritte Grund bei Weitem nicht im Vordergrund zu stehen. »Diversity ist (...) folglich ein primär betriebswirtschaftlich orientiertes und sozialtechnologisch operierendes Zweckprogramm auf der Steuerungsebene von Organisationen.«[140]

Eigentlich wurde Diversity Management in den USA dafür eingeführt, um den bestehenden antidiskriminierungsrechtlichen Schutz zu erweitern und zu verbessern, wobei man – wohl auch als Anreiz – unter anderem mit dem wirtschaftlichen Vorteil von Diversität argumentierte.[141] Und diesen scheint es tatsächlich zu geben, obwohl entsprechende Studien (leider) nur Korrelationen und keine klaren Kausalitäten darstellen können. So ergeben in regelmäßigen Abständen von großen Beratungsunternehmen publizierte Studien, dass eine diverse Führungsebene dazu führt, dass Unternehmen wirtschaftlich erfolgreicher sind.[142] ›Divers‹ bedeutet in diesem Zusammenhang, dass sie eben nicht homogen, männlich, weiß und mittelalt, sondern heterogen in Bezug auf ethnischen Hintergrund, Geschlecht oder Alter besetzt sind. Es klingt auch irgendwie logisch, dass die Kund*innenbedürfnisse besser verstanden werden, je mehr sie in ihrer Vielfalt auch unter den Entscheidungsträger*innen abgebildet sind. Auch dass neue (kreative) Lösungen eher in einer heterogenen als einer homogenen Gruppe gefunden werden, leuchtet ein. Leider hat sich Diversity in der Zwischenzeit jedoch zu einem inflationären Verkaufswort weiterentwickelt, bei dem es offensichtlich schon längst nicht mehr um die Frage eines funktionierenden Diskriminierungsschutzes geht, sondern darum, diese für sich selbst ›nutzbar‹ zu machen. Neben den wirtschaftlichen Vorteilen (die oft offensichtlich selbst nicht wirklich geglaubt werden, sonst wären die Bemühungen um Diversität vielerorts wohl stärker mit Leben erfüllt), gibt es noch den ganz wesentlichen Aspekt des Werbeeffekts von Diversity-Bemühungen, für Kund*innen, die Gesellschafter*innen aber auch (potentielle) Arbeitnehmer*innen – man spricht hier auch von *Employer Branding* (Arbeitgeber*innenmarkenbildung).

Im Rahmen meiner Trainerinnentätigkeit komme ich immer wieder mit Unternehmen in Kontakt, die sich zwar Diversity groß an die Fahnen heften, aber gleichzeitig nicht einmal wissen, welche Diversitätsdimensionen vom Diskriminierungsverbot in der Arbeitswelt umfasst sind. So hat sich beispielsweise einmal eine Diversitäts- und Nachhaltigkeitsbeauftragte eines großen Unternehmens gemeldet, um sich über unsere Arbeitsfelder zu informieren. Bei unserem Treffen erzählte sie mir, dass es noch nie zu einem Diskriminierungsfall bei ihnen gekommen sei – und das, bei mehreren Hundert Mitarbeitenden. Ich beschloss, vorerst für mich zu behalten, dass dies lediglich ein Anzeichen dafür ist, dass die Mitarbeitenden kein ausreichendes Vertrauen in das Funktionieren des Diskriminierungsschutzes im Unternehmen haben. Anders gesagt: Es ist an sich ein gutes, jedenfalls aber kein schlechtes Zeichen, wenn Mitarbeitende diskriminierende Grenzüberschreitungen melden, denn das bedeutet, dass sie darauf vertrauen, dass sie ernst genommen werden, dass ihnen zugehört wird und dass eine Angst vor Reviktimisierung sie nicht davon abhält, dies zu tun. Statt der Diversitäts- und Nachhaltigkeitsbeauftragten also zu erklären, dass sie sich mit dem Fehlen von Meldungen nicht rühmen sollte, bat ich sie, mir den internen Prozess zu erläutern, der für den Fall einer Diskriminierung vorgesehen ist. »Ich bin mir nicht sicher, was Sie mit Prozess meinen«, antwortete sie. Ich präzisierte meine Frage: »An welche interne Stelle könnten sich die Mitarbeitenden denn wenden, wenn sie diskriminiert würden und welche Vorgehensweise ist dann für die Behandlung dieser Beschwerde vorgesehen?« Sie schaute mich mit fragenden Augen an und meinte, dass sie das nun selbst auch nicht so genau wisse, vermutlich wäre dann sie selbst eine Ansprechperson, ein konkreter Prozess sei nicht vorgesehen.

Wie oben dargestellt, sollte der Kern eines jeden Diversity Managements die Einhaltung und Förderung des Diskriminierungsschutzes sein. Gibt es eine unternehmenseigene Stelle die Diversity/Diversität sogar in ihrem Titel trägt, so sollte davon ausgegangen werden, dass es klare Prozesse für die

Einhaltung von und Reaktion auf Verstöße gegen die Diskriminierungsverbote gibt. Leider ist dies allerdings allzu häufig nicht der Fall. Im Vordergrund steht vielmehr das positive Image. In diesem Zusammenhang wird auch der Begriff ›Woke Washing‹[143] verwendet. Entsprechend dem ›Green Washing‹ geht es dabei im Wesentlichen darum, den Etikettenschwindel aufzuzeigen: Eigentlich bleibt alles wie gehabt, nur in anderer Umhüllung. Strukturelle Machtverschiebungen, echter Diskriminierungsschutz oder die Wahrnehmung der gesellschaftlichen Verantwortung der Wirtschafsakteur*innen sucht man hier vergebens. Ein anschauliches Beispiel liefert hier alljährlich der *Pride Month* im Juni. Die LGBTQIA+ Community feiert dabei offen und stolz (Engl. *pride*) ihre Sexualität. Im Westen sind in diesem Zeitraum sehr viele Bekundungen aus der Wirtschaft darüber zu hören und zu lesen, wie wichtig Gleichberechtigung in ihrer Agenda ist, untermauert von Events oder auch Regenbogenflaggen auf den Social Media Accounts. Dass das dann doch nicht so ganz ernst gemeint ist, zeigt unter anderem das (nicht alleinstehende) Beispiel von BMW: Der Konzern hat im Jahr 2021 seinen internationalen Instagram-Account in Regenbogenfarben geschmückt, nicht aber seine Accounts für Saudi-Arabien, Russland und Polen.[144] Wokeness hat eben für viele dann ein Ende, wenn ein wirtschaftliches Risiko damit einhergeht.

Dabei kommt gerade der Wirtschaft eine überragende Veränderungsmacht zu. Welche Kleidung wir tragen, wo wir einkaufen, was wir essen. Es gibt keinen Bereich unseres Lebens, in dem wir von ihrem Einfluss unberührt bleiben. Diese »gesellschaftliche Gestaltungskraft«[145] und soziale Verantwortung von Unternehmen fängt bei den eigenen Mitarbeitenden an und endet bei der Allgemeinheit. »Sie sind es, die soziale Ungleichheit fördern und gleichermaßen bei deren Bekämpfung mitwirken (können). Sie sind es, die Chancen vergeben und Menschen eine Teilhabe an Arbeit und Leben ermöglichen (können).«[146] Vielfach dienen dargestellte Gerechtigkeitsbemühungen aber lediglich dem Profit, sei es, weil tatsächlich an die wirtschaftlichen Vorteile von Vielfalt geglaubt wird, oder weil man sich die Erschließung von Kund*innen erhofft, die positiv auf eine woke Selbstvermarktung anspringen. An dieser Stelle zeigt sich auch die Macht, die uns als Konsument*innen zumindest teilweise zukommt, denn wir Kund*innen können mit jeder Entscheidung etwas zu kaufen, zu mieten oder eine Dienstleistung zu beanspruchen, auch darüber entscheiden, welches unternehmerische System wir unterstützen und mitfinanzieren. Die Blendung, die mit fehlender Transparenz einhergeht, verhindert allerdings oft, dass wir uns auf Basis tatsächlicher

Informationen, entscheiden können. Genau darin liegt die Tücke des Woke Washings. Und so bleibt Diversity bei vielen Unternehmen großgeschrieben, ohne auch nur eine einzige Diskriminierungsschutzmaßnahme gesetzt zu haben.

7 Fehlender rechtlicher Schutz

Um mich gegen Diskriminierung rechtlich zur Wehr zu setzen, muss ich mir zunächst folgende Fragen stellen:

- In welchem Kontext besteht oder passierte die Diskriminierung (privat, beruflich, im Verein ...)?
- Von wem oder wovon wurde ich diskriminiert (von einer konkreten Person, von einer privaten Institution, von einer gesetzlichen Regelung...)?
- Weswegen wurde ich diskriminiert (aufgrund welches Merkmals)?
- u. U. habe ich Beweise?

Viele Formen der Diskriminierung sind rechtlich nicht geschützt. Es macht einen Unterschied, ob ich gegen eine staatliche Institution, den*die Arbeitgeber*in oder jemanden auf der Straße (etwa, wenn ich sexistisch beschimpft werde) antidiskriminierungsrechtlich vorgehen möchte. Das heißt also, der Kontext ist ganz entscheidend. Auch kann ich mich nicht bei jeder Diversitätsdimension rechtlich gegen Diskriminierung wehren. In den Mitgliedstaaten der Europäischen Union sind die Merkmale, die im Arbeitskontext jedenfalls vor Diskriminierung geschützt sein müssen (nur): das Geschlecht, die sexuelle Orientierung, das Alter, die Religion oder Weltanschauung, die ethnische Herkunft und die Behinderung.[147] Im österreichischen und bundesdeutschen Antidiskriminierungsrecht sind daher beispielsweise die Diversitätsdimensionen ›Aussehen‹ und ›soziale Herkunft‹ im Arbeitskontext nicht geschützt.[148] Dabei wissen wir, dass das Aussehen einer Person gerade im beruflichen Umfeld dafür eine große Rolle spielen kann, wie leicht oder schwer es eine Person es hat.[149] Aber auch gegen konkrete Belästigungshandlungen aufgrund des Aussehens einer Person, etwa wenn sie mehrgewichtig (aber nicht adipös, dies könnte unter Behinderung fallen[150]) ist, Pickel oder dünnes Haar hat, können sich Betroffene antidiskriminierungsrechtlich nicht zur Wehr setzen. Die soziale Herkunft wiederum betrifft unterschiedliche Aspekte. Das Vermögen einer Person fällt ebenso darunter, wie der Habitus oder die zur Verfügung stehenden Netzwerke. Gerade diese spielen aber hinsichtlich der beruflichen Ein- und Aufstiegsmöglichkeiten eine sehr bedeutende Rolle. Da die innerstaatlich anwendbaren Bestimmungen also nur bestimmte Diversitätsdimensionen schützen, müssen wir betroffene Personen in diese kategorisieren, um eine Diskriminierung darlegen zu können. Dabei bestehen, wie Lembke beschreibt, zwei wesentliche Probleme: Einerseits müssen wir Personen in klare Kategorien pressen, die für sie selbst möglicherweise gar nicht so klar sind, weshalb diese oft nicht geeignet sind, die Realität abzubilden, sondern sie verzerren. Andererseits greift auch hier das bereits zuvor beschriebene, Differenzdilemma: »Wer Diskriminierungskategorien benennt, um Diskriminierung zu verhindern, konstruiert zugleich die geschützte Gruppe.«[151]

Die rechtlichen Diskriminierungsverbote gehen außerdem davon aus, dass die bestehenden Strukturen grundsätzlich für alle gleichermaßen gelten und auch funktionieren und lediglich gegen punktuelle Diskriminierungshandlungen vorgegangen werden muss, um diese Egalität aufrecht zu erhalten. Wir brauchen Diskriminierungsverbote also auch dafür, um guten Gewissens weiter davon ausgehen zu können, dass uns allen, sofern diese Diskriminierungsverbote im Konkreten eingehalten werden, dieselben Chancen offenstehen. Es ist quasi eine Voraussetzung dafür, weiterhin fälschlich von einem rein leistungsbasierten Chancenmodell ausgehen zu können.[152] Dies ist vor allem für jene recht praktikabel, die kein Interesse an struktureller (›wirklicher‹) Veränderung haben. Ich möchte hier aber keinesfalls eine Lanze dafür brechen, die Diskriminierungsverbote zu beseitigen. Im Gegenteil, sie sind besser als nichts. Es ist daher wichtig, dass von Diskriminierung betroffene Personen über ihre Rechte informiert sind, denn wenn sie diese nicht kennen, wissen sie auch nicht, was sie sich (zumindest) nicht gefallen lassen müssen. Der Großteil der Arbeit aber liegt bei denen, die im konkreten Kontext über die Macht verfügen, die strukturellen Verhältnisse zu verändern. Dass sie dafür mehr über Diskriminierung lernen müssen, als die, die sie ständig erleben, liegt auf der Hand. Denn ein Aspekt, der antidiskriminierungsrechtlich ebenfalls nicht aufgegriffen wird, ist die strukturelle Diskriminierung. Wenn mich also die Struktur, in der ich lebe, benachteiligt, das System aber nichts dazu beiträgt, diese Strukturen abzubauen, sondern maximal kosmetische Maßnahmen setzt und darüber hinaus Anpassungsleistungen von mir fordert, besteht kein Schutz vor diesen Nachteilen. Nehmen wir hier beispielhaft die Arbeitszeitregelungen heran. Eine Arbeitswoche mit (mindestens) 40 Stunden als Vollzeitvorgabe ist immer noch die Regel, obwohl dies für viele betreuungs- oder pflegepflichtigen Personen schlicht nicht machbar ist. Jeder Elternteil weiß, was für ein unglaublicher Drahtseilakt die Existenz ist, zwischen Kind(ern) und Job, der ausreichend viel Geld abwirft, um davon auch leben zu können (und das Gehalt nicht nur einen Zuverdienst darstellt) – auch dann, wenn das Kind keine spezifischen Förderbedürfnisse hat. Anstatt nun Arbeitgeber*innen zu verpflichten, solche Arbeitsbedingungen zu schaffen, die auf solche Bedürfnisse Rücksicht nehmen, haben Arbeitnehmer*innen mit entsprechenden (als Privatsache qualifizierte) Aufgaben, die Bürde, sich entweder unter enormen Druck anzupassen, oder aus dem System auszuscheiden.

Zudem ergeben sich gerade bei einer Diskriminierungserfahrung oft erhebliche Beweisprobleme. Diese entstehen nicht nur daraus, dass häufig Aussage gegen Aussage steht, sondern auch daraus, dass es verhältnismäßig einfach ist, im Einzelfall objektive Gründe vorzuschieben, um den Anschein einer Diskriminierung abzuwenden. Dies hatten wir bereits weiter oben erläutert (Kapitel 2.1).

Abschließend sei hier noch ein Wort zur Beschränkung der Privatautonomie durch antidiskriminierungsrechtliche Bestimmungen vorgebracht. Die Privatautonomie ist ein sehr hohes Gut in liberalen, kapitalistischen Systemen. Demnach ist das Ziel die höchstmögliche Freiheit jeder einzelnen Person und die geringstmögliche Einmischung durch den Staat. Aufgrund der Privatautonomie kann ich mich also dafür entscheiden, für Andi als Anwältin tätig zu sein, für Linda jedoch nicht (etwa, weil ich schon beim Erstgespräch merke, dass wir nicht harmonieren). Nun schränken die antidiskriminierungsrechtlichen Bestimmungen die Privatautonomie insoweit ein, als bestimmte Entscheidungen dann unzulässig sind, wenn sie auf Basis der geschützten Merkmale erfolgen. Etwa, wenn ich einen Rollstuhlfahrer nur deshalb nicht einstelle, weil ich dafür mein Türensystem umbauen lassen müsste und mir das zu teuer ist. Nun führt dieser Umstand nicht nur immer noch häufig zu erheblichem Erstaunen, sondern auch zu Empörung. Begründung: Der*Die Arbeitgeber*in wisse doch am besten, wer ins Team passe. Etwa, wenn das Durchschnittsalter bei 29,5 liegt und sich ein 47 Jahre alter Mann bewirbt, dann könne dieser ja schon aufgrund des Generationenunterschieds nicht in Erwägung gezogen werden. Auch wenn der Argumentation möglicherweise je nach Konstellation etwas abzugewinnen ist, ändert sie nichts daran, dass ich das Alter (außer bei sehr eng begrenzten sachlichen Rechtfertigungsgründen) der bewerbenden Person nicht in die Entscheidung einer Anstellung miteinfließen lassen darf. Der Schutz und die Rechte der potenziell von Diskriminierung betroffenen Personen wiegt hier einfach schwerer als das Recht auf Privatautonomie.[153]

Insgesamt führen die antidiskriminierungsrechtlichen Regelungen in ihrer derzeitigen Ausgestaltung nicht zu echter Chancengleichheit. Neben ihrer fehlenden Abschreckungswirkung (nicht zuletzt aufgrund der geringen Schadenersatzhöhen), kann dies auch nicht der Fall sein, solange als Ziel die Ahndung punktueller Diskriminierungshandlungen, anstatt die strukturelle Verbesserung der Chancengerechtigkeit, postuliert wird.

Check-out

Wir sind nun am Ende meiner Reise zur Sortierung meiner Gedanken angekommen. Ich bin sicher, Sie sind in vielen Punkten nicht meiner Meinung und das ist absolut in Ordnung so, solange wir auf Augenhöhe darüber diskutieren und uns gegenseitig als Individuen mit unterschiedlichen Lebensrealitäten, Erfahrungen, Bedürfnissen, Ängsten und Träumen wahrnehmen können. Letztlich geht es für ein positives Miteinander im Alltag viel weniger darum (im juristischen) Sinn Recht zu bekommen, als darum, an uns zu arbeiten, unsere Wahrnehmungen und subjektiven Wahrheiten zu hinterfragen und uns auf einen Diskurs einzulassen. Was haben wir – als Gesellschaft – davon, dass Mächtige eine diversitätssensible Sprache und ihre Codes erlernen, ohne tatsächlich etwas an den dahinterliegenden Strukturen ändern zu wollen? Was haben wir davon, wenn in einem elitären Kreis, sämtliche diskriminierungskritische Hintergründe verstanden werden, seine Mitglieder aber nicht im Stande sind, sie halbwegs verständlich für eine breite Allgemeinheit darzustellen? Was haben wir davon, wenn wir alle glauben, im Recht zu sein und uns dabei trotzdem unverstanden fühlen?

Gerade im Diskriminierungsdiskurs scheinen wir unsere (schwindende) Fähigkeit, zuzuhören und zu reflektieren, im Austausch für einfache Antworten manchmal völlig abzulegen. Im Wunsch nach klaren Antworten bin ich bestimmt nicht allein und daher, wie viele andere auch, gefordert, an meiner Fähigkeit zu arbeiten, Widersprüchlichkeiten auszuhalten, Menschen, wenn sie Fehler machen, nicht zu verdammen und gleichzeitig andere nicht per Diversitätsdimension von jedem Vorwurf freizusprechen. Solange wir gewillt, offen und vor allem einsichtig sind, dass wir fehlerhaft, stereotypengetränkt und vorurteilsbehaftet durchs Leben gehen und anderen zugestehen, das ebenfalls zu tun, sollten wir dem Ziel eines gemeinsamen, wertschätzenden und offenen Miteinanders zumindest einen kleinen Schritt näherkommen. Unterschiedliche Lebensrealitäten werden immer bleiben. Wichtig ist, dass wir einander Zuhören, uns in Ambiguitätstoleranz üben und ja, auch ein bisschen nachsichtig sind, wenn die Intentionen wohlwollend sind.

Es kommt (gar nicht selten) vor, dass die Teilnehmenden eines Workshops sehr schnell konkrete Antworten auf die Frage, was nun eigentlich die Lösung für Diskriminierung ist, hören möchten. Manchmal wird schon in der Vorstellungsrunde klar, dass die Geduld, sich mit dem Thema auseinanderzusetzen, stark enden wollend ist. Leider kann die Lösung aber seriöserweise – auch wenn das viele enttäuschen wird – nicht in einem Tagesworkshop präsentiert werden. Nicht nur, weil das schlicht zu wenig Zeit ist, um sich in der Tiefe mit der Thematik zu befassen, sondern auch, weil es die *Eine* Lösung gegen Diskriminierung schlicht nicht gibt. Es ist ein Set an Lösungshebeln, an denen sich verschiedenste Personen beteiligen müssen und der Haupthebel liegt bei jeder einzelnen Person. Es ist, wie wenn ich im Stau stehe und mir nicht klar ist, dass ich auch der Stau bin. Wir sind alle der Stau, wir sind alle so sehr Teil des Problems, wie wir Teil der Lösung sind.

Begriffserklärungen

Ableismus: Die Abwertung von Personen aufgrund eines körperlichen oder psychischen Zustands, auf Basis dessen bestimmte Fähigkeiten abgesprochen werden. Auch: Die Diskriminierung von Personen mit Behinderung.

Ageismus: Die Diskriminierung aufgrund des Alters.

Alltagsrassismus: Regelmäßige/alltägliche Benachteiligungen auf Basis von rassistischen Stereotypen. Diese können bewusst oder unbewusst erfolgen.

Ally (verbündete Person): Man spricht von einer*einem *Ally,* wenn eine Person sich für die Rechte von Personen mit spezifischen Diversitätsmerkmalen, auf Basis derer sie benachteiligt werden, einsetzt, ohne selbst davon betroffen zu sein.

Ankereffekt: Ein kognitionspsychologisches Phänomen, bei dem wir Informationen aus unserer Umgebung in Entscheidungsfindungen unbewusst einfließen lassen, auch wenn diese mit der Entscheidung in keinem Zusammenhang stehen.

Antisemitismus: Abneigung gegen Jüdinnen und Juden. Häufig manifestiert sich diese in diskriminierendem Verhalten bis hin zu Hasskriminalität.

Bestätigungsfehler (*Confirmation Bias*): Das Phänomen entstammt der Kognitionspsychologie. Es handelt sich dabei um die Tendenz jene Informationen eher oder auf eine Weise wahrzunehmen, die unsere bisherigen Ansichten oder Einstellungen bestätigen.

BIPoC: Steht für *Black, Indigenious, People/Person of Color*. Der Begriff, der nicht-weiße Personen bezeichnet, stammt aus den USA und wird immer häufiger auch im deutschsprachigen Raum verwendet.

Cisgender (kurz: cis): Die Geschlechtsidentität stimmt mit dem Geburtsgeschlecht, das meist aufgrund der sichtbaren biologischen Geschlechtsmerkmale bei der Geburt festgelegt wird, überein. Wenn die Hebamme also ruft »es ist ein Mädchen«, weil es die Vulva des Kindes sieht und die Eltern sodann das Geschlecht »weiblich« in die Geburtsurkunde eintragen und dieser Mensch sich selbst auch als weiblich identifiziert, ist sie cis.

Derailing: Der englische Begriff *derail* kann mit entgleisen übersetzt werden. Er wird im Zusammenhang mit Diskussionen im Netz aber auch für eine Praxis verwendet, in der auf unterschiedliche Arten Diskussionen absichtlich in eine komplett andere Richtung gelenkt werden, als der*die

Poster*in dies ursprünglich intendiert hatte. Das, worum es ursprünglich ging, gerät somit (absichtlich) aus dem Blick.

Diskriminierung: Benachteiligende Ungleichbehandlung auf Basis der Zuschreibung eines oder mehrerer zugeschriebener Merkmale/Diversitätsdimensionen.

Diskursive D.: Hierbei geht es um die Art in der über bestimmte Gruppen gesprochen wird, also Begriffe verwendet werden und wie diese konnotiert sind und in welchem Kontext welche Informationen preisgegeben werden.

Individuelle D.: Eine benachteiligende Handlung durch individualisierbare Personen gegenüber einer anderen Person oder Gruppe.

Institutionelle D.: Die Benachteiligung ergibt sich durch die Regeln oder Verhaltensweisen, die eine Institution (also ein Unternehmen, eine öffentliche Verwaltung oder sonstige Organisation) anwendet.

Strukturelle D.: Diese Diskriminierungsform ist – dies beinhaltet der Begriff bereits – in der gesellschaftlichen Struktur, somit in den Regeln und der Organisation des Zusammenlebens verankert. Diese bevorzugen die Mitglieder jener Gruppen, die als ›Norm‹ angesehen werden, wodurch diese privilegiert und die Mitglieder anderer Gruppen benachteiligt sind. Unter anderem kann sich das daraus ergeben, dass jemand bereits von Geburt an andere Ressourcen (und damit »Startchancen«) zur Verfügung stehen, als anderen. Trotzdem wird diese Struktur als allgemeingültig und quasi schicksalhaft vorbestimmt, angesehen und nur ungern hinterfragt. ›Chancengerechtigkeit‹ wird (wenn überhaupt) stets auf Basis dieser vorgefundenen – und damit manche bevorzugende und andere benachteiligende – Struktur ermöglicht.

Diversitätsdimension: Merkmale, durch die sich Personen unterscheiden können. Jede Person hat zahlreiche Diversitätsmerkmale (Augenfarbe, Schuhgröße, ob die Eltern verheiratet sind, ob man Elternteil ist, Alter usw.) nur spezifische Diversitätsdimensionen sind auch rechtlich vor Diskriminierung geschützt.

Dominanzgesellschaft: Die Ausgestaltung der gesellschaftlichen Ordnung, die allgemeinhin als Norm im konkreten Kontext verstanden wird. Dabei beschränkt sich die daraus ergebende Macht nicht auf eine quantitative Überlegenheit, sondern auch darin, wer welche Machtpositionen besetzt. Das Apartheidregime in Südafrika ist dabei eines der bekanntesten Beispiele, in denen eine zahlenmäßige weiße Minderheit den absoluten Machtanspruch stellte.

Dominanzkultur: Dieser Begriff wurde von Birgit Rommelspacher geprägt und beschreibt die Funktionsweise von struktureller Diskriminierung. Dabei sind jene Personen, die der »dominanten Kultur« angehören, bevorzugt und jene, die dieser nicht angehören, benachteiligt. In den Worten Rommelspachers: »Das bedeutet, dass unsere ganze Lebensweise, unsere Selbstinterpretation sowie die Bilder, die wir vom Anderen entwerfen, in Kategorien der Über- und Unterordnung gefasst sind. Eben das ist mit dem Begriff der Dominanzkultur gemeint. Wobei Kultur hier in einem umfassenden Sinn verstanden wird, und zwar als das Ensemble gesellschaftlicher Praxen und gemeinsam geteilter Bedeutungen, in denen die aktuelle Verfasstheit der Gesellschaft, insbesondere ihre ökonomischen und politischen Strukturen, und ihre Geschichte zum Ausdruck kommen. Sie bestimmt das Verhalten, die Einstellungen und Gefühle aller, die in dieser Gesellschaft leben und vermittelt so zwischen den gesellschaftlichen und individuellen Strukturen. Die Kultur ist in den westlichen Gesellschaften vor allem durch die verschiedenen Traditionen von Herrschaft geprägt, die zugleich auch sehr unterschiedliche Dimensionen umfassen.«[154]

›**Dunkelhäutig**‹: Ein Begriff, der von Weißen gegenüber Nicht-Weißen oft verwendet, von vielen BIPoC aber abgelehnt wird, da es kein selbstgewählter Begriff ist.

Eigengruppenfavorisierung: Dieses Konzept hängt eng mit der Theorie der sozialen Identität zusammen. Ausgangspunkt für eine solche ist die Kategorisierung von Eigengruppen und Fremdgruppen. Dabei streben wir in aller Regel nach einer positiven sozialen Identität, die sich aus der Summe der unterschiedlichen Eigengruppenzugehörigkeit (im Gegensatz zu den jeweiligen Fremdgruppen) ergibt. Da man somit, vereinfacht gesagt, die eigene Gruppe positiver bewertet, tendieren wir auch dazu, sie zu bevorzugen. Personen, die uns ähnlich sind, bewerten wir also meist positiver, was wiederum im beruflichen Umfeld für jene Personen vorteilhaft ist, die den Entscheidungsträger*innen ähnlich sind.

Eugenik: Der Begriff wurde von Francis Galton (1822-1911) geprägt (auch wenn die Geschichte der Eugenik bereits bis in die Antike zurückgeht).

Er leitet sich vom griechischen Wort *eugenēs* ab, was so viel bedeutet wie ›wohlgeboren‹. Galton ging davon aus, dass man Menschen, ebenso wie bei Zuchttieren, einteilen könne in jene mit gutem Erbmaterial und weniger gutem. Er ordnete Menschen in unterschiedliche Menschengruppen ein und und ordnete sie so, bereits durch die Geburt, in bestimmte ›Leistungsfähigkeitsklassen‹ ein. In seiner Logik war es damit klar, dass nur bestimmte Menschen, eben jene mit gutem Erbmaterial, sich fortpflanzen sollten.[155] Die Nazis verwendeten die radikalste Form dieses eugenischen Ansatzes und setzten diese in den Nürnberger Rassegesetzen um.

›**Farbig**‹: Ein Begriff, entstanden in der Kolonialzeit, der von Weißen gegenüber Nicht-Weißen oft verwendet, von vielen BIPoC aber – nicht zuletzt, weil dieser Begriff als ›Abweichung‹ von einer vermeintlichen Nichtfarbigkeit (denn Weiße haben ja auch eine Farbe, eher grünlich, oder ins rosa gehende, manche cremefarben usw.) gedeutet werden kann – abgelehnt wird.

Gaslighting: Ein Phänomen, das uns in unterschiedlichen Kontexten – insbesondere auch im Rahmen toxischer Beziehungen – begegnet. Aber auch im Kontext von Diskriminierung und dem Absprechen, dass diese existiert, ist es weit verbreitet. Es handelt sich dabei um die Taktik das Opfer zu verwirren, zu verunsichern und so letztlich darauf hinzuwirken, an seiner Wahrnehmungsfähigkeit bzw. der Wahrheit zu zweifeln.

Gendern: Der Begriff leitet sich vom englischen Wort *gender*, das so viel bedeutet wie soziales Geschlecht, ab. Wenn wir sprachlich gendern, dann verwenden wir nicht nur das generische Maskulinum, sondern bilden möglichst alle gemeinten Geschlechter auch sprachlich ab.

Generisches Maskulinum: Es handelt sich dabei um den »geschlechtsübergreifenden Gebrauch der maskulinen Form«[156], etwa von Berufsbezeichnungen. Dies auch dann, wenn es eine feminine Form gibt. Etwa wenn wir von ›Ärzten‹ sprechen, obwohl Ärztinnen und Ärzte gemeint sind.

HALO-Effekt: Ein kognitiver Effekt, der eine verzerrende Wirkung auf die Wahrnehmung hat. Dabei haben bestimmte Merkmale einer Person so einen starken Effekt auf die Wahrnehmung, dass andere Eigenschaften, die wir noch gar nicht kennen, daraus abgeleitet werden.

›**Häuptling**‹: Ein im Kolonialismus geprägter Begriff, der von betroffenen Gruppen abgelehnt wird. Zwar ergibt sich aus dem Wortbestandteil

Haupt-, dass es sich bei der Person um eine*n Anführer*in handelt. Durch die Endung *-ling* wird dieser allerdings verniedlicht und damit nicht für vollwertig erachtet (wie auch bei dem Wort ›Flüchtling‹ (besser: Geflüchtete*r)).

Identitätspolitik: Unabhängig davon, um welche Form der Identitätspolitik es sich handelt, steht die Zugehörigkeit im Fokus dieser Form der politischen Tätigkeit. Dabei wird entweder auf die eigene Identität hingewiesen, um auf die damit einhergehenden Benachteiligungen aufmerksam zu machen, oder, um Personen, die bestimmte Merkmale nicht erfüllen, auszugrenzen.

›Indianer‹: Ein kolonialistischer Begriff (Kolumbus dachte ja zunächst, er hätte Indien ›entdeckt‹), der nicht nur viel zu pauschal auf ganz unterschiedliche Gesellschaften angewendet wird, sondern der auch vollgestopft mit romantischen, exotischen und vor allem aber auch verniedlichenden Assoziationen ist. Statt dieses Begriffes, sollte man jenen verwenden, welchen die konkret angesprochene Gesellschaft für sich selbst verwendet (wie beispielsweise *Sioux* oder *Mohawk*). Sollte dieser Begriff nicht bekannt sein, so schlägt die Literatur- und Kulturwissenschafterin Susan Arndt vor, den Begriff *First Americans* oder *Indigene Menschen* zu verwenden.[157]

Intersektionalität: Dieser Begriff wird verwendet, um das Zusammenwirken unterschiedlicher Diversitätsdimensionen, auf Basis derer eine Person diskriminiert wird, zu beschreiben. Es wird dabei darauf Bedacht genommen, die einzelnen Diskriminierungsformen nicht nebeneinander zu stellen und zu addieren, sondern dass sondern, dass sie im Zusammenwirken Grundlage für eigene Diskriminierungsformen darstellen können.

Klassismus: Diskriminierung aufgrund der sozialen Stellung.

Kulturelle Aneignung: Wenn Mitglieder der Dominanzgesellschaft sich bestimmte kulturelle Praktiken, Wissen oder Bräuche anderer (global benachteiligter) Kulturen aneignen.

LGBTQIA+: Die Abkürzung steht für Lesbian (lesbisch), Gay (schwul), Bisexual (bisexuell), Trans, Queer (als Überbegriff), Intersex (intersexuell), Asexual (asexuell). Es gibt hierfür allerdings auch verschiedene andere Abkürzungen. Das Plus steht in jedem Fall für jene Geschlechtsidentitäten und sexuelle Orientierungen, die durch die einzelnen Buchstaben nicht abgebildet sind.

Lookismus: Diskriminierung aufgrund des Aussehens.

Mikroaggression: Herabwürdigende, demütigende oder verniedlichende alltäglich vorkommende Verhaltensweisen (wie Aussagen, Blicke, Fragen, Gestiken) auf Basis bestimmter zugeschriebener Merkmale, die Nicht-Betroffenen selten als diskriminierend auffallen, aufgrund ihrer Häufung aber massive nachteilige Folgen für die Betroffenen nach sich ziehen können.

›**Mischling**‹: Begriff aus der Tierzucht, der die Mischung aus unterschiedlichen Rassen beschreibt. Im Kontext von Menschen wird dieser Begriff immer wieder verwendet, wenn eine Person Elternteile unterschiedlicher Herkunft hat. Es handelt sich dabei jedoch um einen höchst rassistischen Begriff, da er nicht nur abwertend ist (denken wir an das lange geltende Verbot von *Mischehen*), sondern auch genuin von dem Bestehen menschlicher *Rassen* ausgeht.

›**Mohr**‹: Abwertende Fremdbezeichnung von weißen Menschen gegenüber Schwarzen Menschen.

N*-Wort: Der damit gemeinte Begriff kolonialistischen Ursprungs für Schwarze Menschen, ist heute einhellig als rassistisch anerkannt, weshalb auch im Fall einer Referenz hierauf nicht der Begriff selbst gesagt, sondern stellvertretend von *N*-Wort* gesprochen wird.

PoC: siehe BIPoC

Race: »Im Gegensatz zur deutschen Übersetzung hat der englische Begriff *race* durch die intensive Auseinandersetzung mit Rassismus seine Bedeutung verändert. *Race* bezieht sich nicht allein auf die Ideologie biologischer Unterschiede, sondern trägt das Bewusstsein in sich, dass *race* als soziale Konstruktion gleichermaßen körperliche, kulturelle oder fiktive Differenzen umfasst. Daher wird auch in deutschen Texten häufig der Begriff *race* anstelle seines deutschen Pendants verwendet.«[158] ().

Racial Profiling: Die Praxis von Exekutivorganen (wie der Polizei oder Zollbeamt*innen), auf äußerliche Merkmale bedingte Entscheidungen zur Vornahme unterschiedlicher exekutiver Handlungen, wie insbesondere Zufallskontrollen oder Identitätsprüfungen, durchzuführen. Aufgrund der überproportionalen Anhaltung nicht-weißer Personen, handelt es sich dabei um eine strukturell verankerte rassistische Maßnahme.

›**Rasse**‹: Im Kontext von Menschen (anders als beispielsweise in der Tierwelt oder der Botanik) ist der Begriff strikt abzulehnen, weil er suggeriert, dass es so etwas wie menschliche Rassen (und damit einhergehenden ›rassebedingten‹ Eigenschaften) geben würde. Wie allgemein bekannt, hat diese – schlicht falsche – Theorie vor allem dazu gedient, unglaubliches Leid, das Mitgliedern zu so erklärten anderen ›Rassen‹ zugefügt wurde, zu rechtfertigen.

Rassismus: Diskriminierung auf Basis der Zuschreibung ›fremd‹ zu sein, die, um ihre Wirksamkeit zu entfalten, zumindest auf struktureller, wie individueller Ebene verankert sein muss.

Antislawischer R.: Rassismus gegen Menschen, denen eine postsowjetische oder ex-jugoslawische Herkunft zugeschrieben wird.

Reviktimisierung: ›Viktimisierung‹ steht dafür, zum Opfer zu werden. »Re« bedeutet wieder. Es bezeichnet somit die Gefahr neuerlich zum Opfer zu werden. Im Zusammenhang mit sexualisierter Gewalt spricht man beispielsweise auch von Reviktimisierung durch das soziale Umfeld oder das Justizsystem. Wenn der betroffenen Person die Schuld für das Geschehene gegeben oder sie einer Verleumdung bezichtigt wird, stellt dies eine Reviktimisierung dar.

Stereotyp: Eigenschafts- oder Merkmalszuschreibungen gegenüber Mitgliedern einer kategorisierten Gruppe. Wird eine Person sodann dieser Gruppe zugeordnet, werden damit automatisiert auch die der Gruppe zugeordneten Merkmale der konkreten Person zugeschrieben.

Unconscious Bias: Wörtlich übersetzt bedeutet dieser Begriff »unbewusste Verzerrung«. Das bedeutet, wir nehmen unser Umfeld – und damit auch die Personen darin – nicht objektiv war. Stereotype Bilder und Vorurteile prägen unsere Wahrnehmung und damit auch unsere Entscheidungen, wenn wir deren Einfluss auf unsere Wahrnehmung nicht reflektieren.

Universalismus: Im Kontext von Diskriminierung betont der Universalismus, dass es letztlich um die Gleichberechtigung aller Menschen geht. Fragmentierte identitätspolitische Zugänge werden häufig als zu individualistisch und nicht am Gemeinwohl orientiert, abgelehnt.

Vorurteil: Es gibt keine einhellige Definition davon, was unter dem Begriff zu verstehen ist. Häufig herangezogen wird die sozialwissenschaftliche Definition von Allport (1954), wonach es sich um eine »ablehnende oder feindselige Haltung gegenüber einer Person, die zu einer Gruppe gehört und deswegen dieselben zu beanstandenden Eigenschaften haben soll, die man der Gruppe zuschreibt« handelt. Tatsächlich müssen Vorurteile aber nicht ausschließlich negativ sein, Wesentlich in der Abgrenzung zum Stereotyp ist, dass mit der Zuschreibung selbst ein Gefühl (es wird positiv oder negativ wahrgenommen) verbunden ist (affektive Komponente).

White fragility: Bedeutet übersetzt »weiße Zerbrechlichkeit« und beschreibt die Abwehrhaltungen, die bei weißen Menschen zu Tage kommen können, wenn sie über Rassismus sprechen. Das unangenehme Gefühl, dass sich einstellt in Gesprächen über Rassismus und dazu verleitet Dinge zu sagen, wie »Ich bin aber keine Rassistin«.

Wohlwollender (auch benevolenter) **Sexismus**: Bei dieser Sexismusform wird nicht davon ausgegangen, dass Frauen dem minderwertigeren Geschlecht angehören, sondern, dass sie das schönere, edlere, feinfühliger usw. Geschlecht sind, aber eben schwach und hilfsbedürftig seien.[159]

Woke Washing: Bezeichnet die Praxis von (insbesondere privatwirtschaftlichen) Institutionen, *Wokeness* (etwa durch die Betonung der Bedeutung von Diversität) als Marketing-Werkzeug für Kund*innen und potentielle Mitarbeiter*innen zu verwenden, ohne die strukturellen und institutionellen Rahmenbedingungen, die einer faktischen Gleichstellung entgegenstehen, zu verändern.

Woke/Wokeness: Übersetzt bedeutet der Begriff »Erwachen«. Es geht dabei darum, sich über die (diskriminierenden) Ungerechtigkeiten bewusst zu werden, diese aktiv zu sehen, auch (und gerade), wenn man selbst nicht davon betroffen ist. Der Begriff bezieht sich somit auf einen bewussten Umgang mit Ungleichheit und dem Bestreben, diese nicht zu fördern, sondern ihr entgegenzuwirken.

Z*-Wort: Der dahinterliegende Begriff wurde – und wird leider teils immer noch – pauschalisierend für Rom*nja und Sinti*zze verwendet. Es handelt sich um eine abwertende Bezeichnung, die von den Mitgliedern der Rom*nja und Sinti*zze selbst nicht verwendet wurde und auch abgelehnt wird. So stellt der Zentralrat Deutscher Roma und Sinti klar: »›Zigeuner‹ ist eine von Klischees überlagerte Fremdbezeichnung der Mehrheitsgesellschaft, die von den meisten Angehörigen der Minderheit als diskriminierend abgelehnt wird – so haben sich die Sinti und Roma nämlich niemals selbst genannt.«[160]

Literaturempfehlungen

Susan Arndt, Rassistisches Erbe, Wie wir mit der kolonialen Vergangenheit unserer Sprache umgehen, Duden (2022).

Susan Arndt, Nadja Ofuatey-Alazard (Hg.), Wie Rassismus aus Wörtern spricht (K)Erben des Kolonialismus im Wissensarchiv deutsche Sprache. Ein kritisches Nachschlagewerk, Unrast (2019)

Cengiz Barskanmaz, Recht und Rassismus. Das menschenrechtliche Verbot der Diskriminierung aufgrund der Rasse, Springer (2019).

Jessica Bennett, Feminist Fight Club. Wie sich Frauen am Arbeitsplatz erfolgreich durchboxen Bastei Lübbe (2018).

Caroline Criado-Perez, Unsichtbare Frauen. Wie eine von Daten beherrschte Welt die Hälfte der Bevölkerung ignoriert, btb (2020).

Aladin El-Mafaalani, Das Integrationsparadox. Warum gelungene Integration zu mehr Konflikten führt, Kiepenheuer & Witsch (2020).

Aladin El-Mafaalani, Wozu Rassismus? Von der Erfindung der Menschenrassen bis zum rassismuskritischen Widerstand, Kiepenheuer & Witsch (2021).

Olaolu Fajembola/Tebogo Nimindé-Dundadengar, Gib mir mal die Hautfarbe. Mit Kindern über Rassismus sprechen, Julius Beltz GmbH & Co. KG (2021).

Jens Förster, Schublade auf, Schublade zu. Die verheerende Macht der Vorurteile, Droemer Knaur Verlag (2020).

Michel Foucault, Analytik der Macht, Suhrkamp (2005).

Roxane Gay, Bad Feminist. Essays, btb (2019).

Linus Giese, Ich bin Linus: wie ich der Mann wurde, der ich schon immer war, Rowohlt (2020).

Florence Given, Frauen schulden dir gar nichts, Kiepenheuer & Witsch (2022).

Sofie Hagen, Happy Fat: Nimm dir deinen Platz!, Du Mont (2020).

bell hooks, Feminismus für alle, Unrast (2022).

Tiffany Jewell, Das Buch vom Anti-Rassismus. 20 Lektionen, um Rassismus zu verstehen und zu bekämpfen, Zuckersüß Verlag (2020).

Marius Jung, Wer wird denn da gleich schwarzsehen: Über deine Vorurteile. Und meine. Ein Buch zum Thema Rassismus, Edelbooks (2021

Luisa L'Audace, Behindert und stolz. Warum meine Identität politisch ist und Ableismus uns alle etwas angeht, Eden Books (2022).

Stephanie Lavorano, Rassismus, Reclam (2019).

Anna Katharina Mangold/Mehrdad Payandeh (Hg), Handbuch Antidiskriminierungsrecht. Strukturen, Rechtsfiguren und Konzepte, Mohr Siebeck (2022).

Rainer Mausfeld, Angst und Macht. Herrschaftstechniken der Angsterzeugung in kapitalistischen Demokratien, Westend (2019).

Peter Cornelius Mayer-Tasch, Kleine Philosophie der Macht, Franz Steiner Verlag (2018).

Charles Pépin, Kleine Philosophie der Begegnung, Carl Hanser (2022).

Thomas Piketty, Eine kurze Geschichte der Gleichheit, C.H. Beck (2022).

Thomas Piketty, Rassismus messen, Diskriminierung bekämpfen, C.H.Beck (2022).

Lisa Pychlau-Ezli/ Özhan Ezli, Wer darf in die Villa Kunterbunt?: Über den Umgang mit Rassismus in Kinderbüchern, Unrast (2022).

Emilia Roig, Why we matter. Das Ende der Unterdrückung, Aufbau (2021).

Birgit Rommelspacher, Dominanzkultur. Texte zu Fremdheit und Macht, Orlanda (1995).

Phillip Roth (Hg.), Macht: Aktuelle Perspektiven aus Philosophie und Sozialwissenschaften, Campus Verlag (2016).

Scherr, Diskriminierung. Wie Unterschiede und Benachteiligungen gesellschaftlich hergestellt werden, Springer (2015).

Albert Scherr/Aladin El-Mafaalani/Gökçen Yüksel (Hg.), Handbuch Diskriminierung. Theoretische, empirische und praktische Aspekte zu Diskriminierung, Springer (2017).

Andrea Schöne, Behinderung und Ableismus, Unrast (2022).

Francis Seeck, Zugang verwehrt. Keine Chance in der Klassengesellschaft: wie Klassismus soziale Ungleichheit fördert, Atrium (2022).

Margarete Stokowski, Untenrum Frei, Rowohlt (2018).

Lena Völkening, Gendern. Warum wir die Flexibilität des Sprachsystems nutzen sollten, Unrast (2022).

Jamia Wilson, Das Buch vom Feminismus. Ein intersektionaler Leitfaden für die nächste Generation, Zuckersüß Verlag (2021).

Maria Wersig, Fälle zum Allgemeinen Gleichbehandlungsgesetz (AGG). Eine Einführung in Theorie und Praxis des Antidiskriminierungsrechts in 22 Fällen, Utb (2017).

Alexandra Zykunov, Wir sind doch alle längst gleichberechtigt! 25 Bullshitsätze und wie wir sie endlich zerlegen | Eine wütende Abrechnung mit dem Patriarchat, die jede Frau lesen sollte, Ullstein Taschenbuch Verlag (2022).

Anmerkungen

1 Vgl. https://link.springer.com/content/pdf/10.5117/CMS2013.1.MART.pdf (24.11.2022).

2 Anzumerken ist allerdings, dass woke zu sein nicht an sich schlecht oder immer scheinheilig ist. Im eigentlichen Sinn ist Wokeness auch etwas Positives, ja Notwendiges, denn es bedeutet ein Bewusstsein für marginalisierte Gruppen, deren Probleme und die Ungerechtigkeiten, die ihnen tagtäglich begegnen. Auch dann, wenn man selbst nicht davon betroffen ist. Leider hat der Begriff aufgrund des Auseinanderklaffens von woken Aussagen einerseits und diskriminierender Praxis andererseits einen immer negativeren Beigeschmack bekommen, der der ursprünglichen Bedeutung nicht gerecht wird.

3 Lerch, Psychotherapie im Kontext von Differenz, (Macht-)Ungleichheit und globaler Verantwortung, in Psychotherapie Forum (2019) 23:51–58 (55 mwN).

4 Sears et al, Employment Discrimination against LGBT People: Existence and Impact, in Gender Identity and Sexual Orientation Discrimination in the Workplace 40-1-19 (2014).

5 Pöge et al, Die gesundheitliche Lage von lesbischen, schwulen, bisexuellen sowie trans- und intergeschlechtlichen Menschen, in Journal of Health Monitoring 2020 5 (14ff mwN).

6 https://www.dialogforen-gegen-sexismus.de/auswirkungen-von-sexismus (24.11.2022).

7 Vgl. https://www.dgppn.de/_Resources/Persistent/bd5dcfd115e682fd4647822b9e93c754d1f81548/2020-11-12_DGPPN-Positionspapier_Rassismus%20und%20psychische%20Gesundheit_final.pdf, Seite 3 (24.11.2022). https://rassismusbericht.de/wp-content/uploads/Rassismus-und-psychische-Gesundheit.pdf, Seite 10, Zeile 16-17 (24.11.2022).

8 https://de.langenscheidt.com/latein-deutsch/discriminare (15.08.2022).

9 Vgl. Scherr, Diskriminierung/Antidiskriminierung – Begriffe und Grundlagen, APuZ 9/2016, 3 (3).

10 Crenshaw, Die Intersektion von *race* und Geschlecht vom Rand ins Zentrum bringen, in Leopold/Martinez Mateo, Critical Philosophy of Race, Suhrkamp, 2021, 304-327, 306.

11 Vgl. Fall DeGraffenreid v. GENERAL MOTORS ASSEMBLY DIV., in dem Schwarze Frauen General Motors mit der Begründung der Diskriminierung Schwarzer Frauen klagten. Sie argumentierten dies mit ihrer spezifischen Diskriminierungserfahrung die gerade in der Kombination aus Rassismus *und* Sexismus begründet liegt, dass diese sich eben durch ihre »Intersektionalitat« auszeichnet. Das Gericht anerkannte dies nicht und verlangte von den Klägerinnen sich für einen Diskriminierungsgrund zu entscheiden.

12 Crenshaw, 2021, 306.

13 Vgl. Scherr, 3: »Der Begriff ›Diskriminierung‹ verweist auf überaus heterogene Sachverhalte – auf die gesellschaftlichen Geschlechterverhältnisse auf die soziale Ausgrenzung von Minderheiten, auf Nationalismus und Rassismus und weiteres -, die in jeweilige historische und gesellschaftliche Kontexte eingebettet sind und in diesen spezifischen Ausprägungen haben. Diskriminierung kann deshalb nicht zureichend allein als eine Folge von individuellen Einstellungen oder kollektiven Mentalitäten verstanden werden. Vielmehr ist es ein komplexes System sozialer Beziehungen, in dem diskriminierende Unterscheidungen entstehen und wirksam werden.«

14 Vgl. dazu u.a: Gründer, Geschichte der deutschen Kolonien, utb, 2018.

15 https://www.ebg.admin.ch/dam/ebg/de/dokumente/haeusliche_gewalt/infoblaetter/a6.pdf.download.pdf/a6_geschlechtsspezifische-formen-und-folgen-haeuslicher-gewalt.pdf (22.12.2022).

16 Scherr, 5.

17 Bundesteilhabegesetz § 2 Absatz 1 Satz 1 Neuntes Sozialgesetzbuch (SGB IX).

18 Zick/Küpper/Hövermann, Die Abwertung der Anderen,Friedrich-Ebert-Stiftung, 2011, 40f, https://library.fes.de/pdf-files/do/07905-20110311.pdf (24.11.2022).

19 Vgl. Dieckmann, Was ist Diskriminierung? Über illegitime Ungleichbehandlung, Demokratie und Sand im Getriebe, https://www.idz-jena.de/wsddet/wsd1-12, (24.11.2022).

20 https://taz.de/Antislawischer-Rassismus-in-Deutschland/!5758259/, (10.12.2022).

21 Anzumerken ist hier allerdings, dass dies natürlich auch auf Roma, Sinti und Schwarze zutraf, allerdings die gesellschaftliche Diversität mit der heutigen nicht vergleichbar ist.

22 https://www.piqd.de/europa-eu/osteuropaer-innen-der-blinde-fleck-im-antirassistischen-diskurs (12.12.2022).

23 Statt vieler: Fajembola/Nimindé-Dundadengar, Gib mir mal die Hautfarbei, Beltz, 2021, 23 mVa.

24 https://taz.de/Diskurs-gone-wrong/!5805751/ (15.8.2022).

25 https://www.swr.de/swr2/leben-und-gesellschaft/kommentar-flucht-aus-der-ukraine-gefluechtete-erster-und-zweiter-klasse-100.html (12.12.2022).

26 Eine sehr häufig zitierte Definition ist auch jene von Philomena Essed: Bei Rassismus handelt es sich gemäß ihrer Definition um »eine Ideologie, eine Struktur und ein Prozess, mittels derer bestimmte Gruppierungen auf der Grundlage tatsächlicher oder zugeschriebener biologischer oder kultureller Eigenschaften als wesensmäßig andersgeartete und minderwertige ›Rassen‹ oder ethnische Gruppen angesehen werden. In der Folge dienen diese Unterschiede als Erklärung dafür, dass Mitglieder dieser Gruppierungen vom Zugang zu materiellen oder nicht-materiellen Ressourcen ausgeschlossen werden.« Essed zit. bei El-Mafaalani, Wozu Rassismus?, KiWi, 2021, 15.

27 Kourabas, Grundlegende Darstellung zur Rassismuskritik, in Denkanstöße für eine rassismuskritische Perspektive auf kommunale Integrationsarbeit in den Kommunalen Integrationszentren, (2019) 5-18 (5).

28 Lavorano, Rassismus, Reclam, 70.

29 https://www.idz-jena.de/fileadmin/user_upload/IDZ_Islamismus_Rechtsextremismus.pdf, 16 (12.12.2022). Dort wird aber auch darauf hingewiesen, dass dem Begriff des ›antimuslimischen Rassismus‹ jener der Muslimfeindlichkeit vorgezogen wird: »Muslimfeindlichkeit bezeichnet eine generalisierende Abwertung von Menschen (...), weil sie Muslime sind oder von Personen, die tatsächlich oder nur vermutet Muslime sind. Der hierbei mitschwingende Rassismus artikuliert sich insbesondere in Verweisen auf Kultur und Religion, oft vermittelt über eine Abwertung des Islams, die dann zur Rechtfertigung der pauschalisierten Abwertung von Muslimen dient.« (Zick et al (2016) zit. ebd.).

30 Appiah, Analyse: Gegen »Rassen«, in Leopold/Martinez Mateo, Critical Philosophy of Race, Suhrkamp, 2021 (37-88).

31 Alcoff, Philosophie und *race* als Identität, in Leopold/Martinez Mateo, Critical Philosophy of Race, Suhrkamp, 2021 (89-106).

32 European Union Agency for Fundamental Rights (FRA) (2021), Your rights matter: Police stops, Fundamental Rights Survey, Luxembourg, Publications Office.

33 Vgl. Pilgram/Fuchs/Leonhardmair, Welche Aussagen über die Migranten- und Ausländerpopulation in Wien erlaubt die Kriminalstatistik? (2012), https://www.irks.at/assets/irks/Publikationen/Forschungsbericht/IRKS_MA17_Kriminalstatistik_Migranten_2012-07-12.pdf [18.12.2022]).

34 Kourabas, 6 mwN.

35 Diese sind insbesondere: Die Antirassismusrichtlinie (2000/43/EG); die Rahmenrichtlinie Beschäftigung (2000/78/EG), die Richtlinie 2006/54/EG des Europäischen Parlaments und des Rates vom 5. Juli 2006 zur Verwirklichung des Grundsatzes der Chancengleichheit und Gleichbehandlung von Männern und Frauen in Arbeits- und Beschäftigungsfragen, die Richtlinie zur Gleichstellung der Geschlechter auch außerhalb der Arbeitswelt.

36 https://fra.europa.eu/sites/default/files/fra_uploads/fra-2018-handbook-non-discrimination-law-2018_de.pdf (10.12.2022).

37 Deutschland: 47,4% Frauen und 11,1% Männer; Österreich: 50,9% Frauen, 11,3% Männer (https://de.statista.com/statistik/daten/studie/1098738/umfrage/anteil-der-teilzeitbeschaeftigung-in-den-eu-laendern/ [13.12.2022]).

38 EuGH v. 3.10.2019, C-274/18, Minoo Schuch-Ghannadan gegen Medizinische Universität Wien.

39 https://www.faz.net/aktuell/wirtschaft/unternehmen/nur-5-prozent-aller-piloten-sind-weiblich-15985254.html (13.12.2022).

40 Landesarbeitsgericht Köln, 5 Sa 75/14, 25.06.2014.

41 Vgl. Dovido et al, Why can't we just get along? Cultural Diversity and Ethnic Minority Psychology 2002/8/2, 88-102 (98).

42 Zick/Küpper/Hövermann, 2011 36.

43 Vgl. Zick/Küpper/Hövermann, 2011, 36.

44 Vgl. Lim, »Mikroaggressionen« – Konturen eines politischen Konflikts in Hochschulöffentlichkeiten, in Hahn/Langenohl, Protestkommunikation: Konflikte um die Legitimität politischer Öffentlichkeit, Springer, 2021, 161-187 (163f).

45 Vgl. Klein/Zick, Toleranz versus Vorurteil?, Köln Z Soziol (2013) 65:277-300.

46 Kastner/Susemichel, zur Geschichte linker Identitätspolitik, in APuZ 9-11/2019, Identitätspolitik, 11.

47 Vgl. Kastner/Susemichel, 11.

48 Kastner/Susenmichel, 16.

49 Fourest, Generation Beleidigt, Edition Tiamat, 2020, 61.

50 Feddersen/Gessler, Kampf der Identitäten, Ch. Links,2021, 15.

51 El-Mafaalani, 2021, 132.

52 Dyk, Identitätspolitik gegen ihre Kritik gelesen, ApuZ 9-11/2019, 28.

53 Amjahid, Der weiße Fleck, Piper, 2021, 196.

54 Müller, »Das Wahre Volk« gegen alle anderen, ApuZ 9-11/2019, 18.

55 https://www.idz-jena.de/fileadmin/user_upload/IDZ_Islamismus_Rechtsextremismus.pdf (12.12.2022).

56 https://www.idz-jena.de/fileadmin/user_upload/IDZ_Islamismus_Rechtsextremismus.pdf, 7 mwN (12.12.2022).

57 https://fra.europa.eu/de/news/2019/grundrechtsschutz-der-krise-ungleichheiten-und-belastigungen-nehmen-zu (22.12.2022).

58 https://www.gewaltinfo.at/fachwissen/ausmass/uebergriffe/sexuelle_belaestigung_und_gewalt.php (10.12.2022).

59 https://www.spiegel.de/lebenundlernen/schule/auslaendische-vornamen-migranten-diskriminierung-durch-firmen-bestaetigt-a-960855.html (10.12.2022).

60 https://portal.ibobb.at/fileadmin/Berufsorientierung_und_Bildung/Aktuelles/statistics_brief_-_vererbung_von_bildung.pdf (10.12.2022).

61 https://www.ifw-kiel.de/de/publikationen/medieninformationen/2018/sozialer-aufstieg-in-deutschland-schwerer-als-bislang-angenommen/ (10.12.2022).

62 Rahnfeld, Diversity-Management, Springer, 2019, 7.

63 https://sciencev1.orf.at/news/4026.html (10.12.2022).

64 https://www.unicef.de/informieren/aktuelles/blog/kindersterblichkeit-weltweit-warum-sterben-kinder/199492 (10.12.2022).

65 Terkessidis, Psychologie des Rassismus, Westdeutscher Verlag, 1998, 83ff.

66 Vgl. El Mafalaani, Das Integrationsparadox, KiWi, 2020, 99.

67 Banaji/Greenwald, Vorurteile, 131f.

68 Vgl. u.a. Stang/König/McElvany, Implizite Einstellungen von Kindern im Grundschulalter gegenüber Menschen mit Migrationshintergrund, Zeitschrift für Pädagogische Psychologie (2021), 0, pp. 1-13 (mit zahlreichen weiteren Verweisen).

69 Vgl. Skinner/Meltzoff/Olson, »Catching« Social Bias: Exposure to Biased Nonverbal Signals Creates Social Biases in Preschool Children, Psychological Science, 28(2) (2017), 216–224.

70 Vgl. Six, B. (1983). Vorurteil. In: Lippert, E., Wakenhut, R. (eds) Handwörterbuch der Politischen Psychologie. Studienbücher zur Sozialwissenschaft, vol 46.

71 https://www.duden.de/rechtschreibung/Vorurteil (10.12.2022).

72 Allport, Die Natur des Vorurteils, Kiepenheuer & Witsch (1971), 23.

73 Vgl. Haß, J. (2020). Stereotyp. In: Stereotype im interkulturellen Training. Springer VS, Wiesbaden.

74 Lippmann, Die öffentliche Meinung, Westend (2021).

75 Lippmann, 153, 156.

76 Banaji/Greenwald, Vor-Urteile, dtv, 2017, 100f.

77 »[Die] Erwartungen [an typische Eigenschaften und Verhaltensweisen] bilden sozial geteilte Wissensstrukturen, die Stereotype genannt werden und vielfältige Auswirkungen auf soziales Erleben und Verhalten haben.« (Klauer, Soziale Kategorisierung und Stereotypisierung, in Petersen/Six (Hg), Stereotype, Vorurteile und soziale Diskriminierung, Beltz, 2020, 23-32 [23]).

78 Banaji/Greenwald, 2017, 18.

79 Banaji/Greenwald, 2017, 18.

80 Banaji/Greenwald, 2017, 66.

81 Vgl. Banaji/Greenwald, 2017, 81f.

82 Banaji/Greenwald, 2017, 23.

83 Keller, Stereotype als Bedrohung, in Petersen/Six (Hg), Stereotype, Vorurteile und soziale Diskriminierung, Beltz, 2020, 90-98 (90).

84 Vgl. Keller, 2020, , 91.

85 ZIB II vom 4.6.2021, abrufbar: https://www.youtube.com/watch?v=AWue_ZXsVqE (10.12.2022).

86 https://blogs.lse.ac.uk/businessreview/2021/03/24/is-unconscious-bias-training-still-worthwhile/ (10.12.2022).

87 Weber, Wirtschaft und Gesellschaft, Soziologische Grundbegriffe, Begriff des sozialen Handelns, Jazzybee, 2012, § 16.

88 Banaji/Greenwald, 2017, 91.

89 Vgl. Dowding, Three-Dimensional Power: A discussion of Steven Lukes' Power: A radical view, Political Studies Review, Vol 4 Issue 2, 2006 (136-145).

90 Rommelspacher, Dominanzkultur, Orlanda Frauenverlag, 1995, 24.

91 Rommelspacher, 1995, 25.

92 Vgl. Foucault, Überwachen und Strafen Suhrkamp, 1977.

93 Vgl. Hark/Villa, Unterscheiden und herrschen, transcript, 2017.

94 https://www.heise.de/hintergrund/Informatik-Vom-Frauenberuf-zur-Maennersache-4654393.html?seite=all (10.12.2022).

95 https://www.diepresse.com/579728/lehrerberuf-wird-immer-weiblicher (12.12.2022).

96 Graeber, Bullshit Jobs, Klett Cotta, 2020.

97 Vgl. Distelhorst, Kulturelle Aneignung, Nautilus, 2021, 130.

98 Distelhorst, 2021, 145.

99 https://www.derstandard.de/story/2000138541839/gecancelte-reggae-band-trat-bei-fest-der-rechtspopulistischen-zeitung-weltwoche (10.12.2022).

100 Rommelspacher, Was ist eigentlich Rassismus?, in Melter/Mecheril (Hg), Rassismuskritik, Wochenschau, 2009 25-38, (32).

101 Übereinkommen über die Rechte von Menschen mit Behinderungen sowie Fakultativprotokoll, Präambel, lit. e.

102 Eine seriöse Angabe des Anteils der Falschbeschuldigungen bei gemeldeten Fällen ist nur schwer möglich und auch die kolportierten Zahlen variieren hier erheblich. Tatsächlich ist aber faktisch jede betroffene Person ab Meldung eines Übergriffs mit dem Verdacht einer Falschaussage konfrontiert. Da Betroffene dieses Phänomen – und die weiteren negativen Konsequenzen – kennen, erscheint ein Überhang der Dunkelziffer im Vergleich zu Falschbeschuldigen sehr wahrscheinlich. Möchte eine Person einer anderen tatsächlich etwas Böses, so gibt es einfachere Wege, als sich ins Zentrum einer internen Untersuchung über einen (vermeintlichen) sexualisierten Übergriff zu stellen.

103 Basierend auf der Forbes Liste 2022 https://www.wiwo.de/erfolg/trends/forbes-liste-2022-die-zehn-reichsten-menschen-der-welt-im-ranking/26281100.html (10.12.2022).

104 Rommelspacher, 1995, 30.

105 Hartmann, Nichts Neues an der Spitze der Großunternehmen!? Die deutsche Wirtschaftselite zwischen 1970 und 2020, Berlin J Soziol (2020) 30:347–368, https://link.springer.com/content/pdf/10.1007/s11609-021-00427-9.pdf (19.12.2022).

106 Hartmann, 359f.

107 Hartmann, 361.

108 Vgl. u.a. Wagenknecht, Die Selbstgerechten, campus, 2021, 39.

109 Piketty, Rassismus messen, Diskriminierung bekämpfen, C.H. Beck, 2022,13.

110 El-Mafaalani (2021), 133 (Hervorhebungen ausgelassen).

111 Krieger, Konzept Fortbildung zum Thema sexuelle Belästigung/sexualisierte Gewalt am Arbeitsplatz überarbeitete Version von April 2018.

112 Lavorano, 2019, 11f.

113 https://www.behindertenrat.at/wp-content/uploads/2017/11/Infos_Sprachgebrauch_Wording.pdf (10.12.2022).

114 Vgl. Firlinger, Buch der Begriffe, abrufbar unter: http://bidok.uibk.ac.at/library/firlinger-begriffe.html?use_altcss=true#idm148 (10.12.2022).

115 https://www.trans-inter-beratungsstelle.de/de/begriffserklaerungen.html (10.12.2022). Hier findet sich auch eine Liste mit den Begrifflichkeiten und sehr anschaulichen Erklärungen hierzu.

116 Topçu, Nicht mein Antirassismus, Quadriga, 2021, 141.

117 https://www.youtube.com/watch?v=ntubUoM_euY (7.7.2022)

118 https://www.youtube.com/watch?v=USG-iCRuW_w (7.7.2022).

119 https://www.weekend.at/promitalk/die-aerzte-elke-fatshaming (10.12.2022).

120 https://www.youtube.com/watch?v=vazgNVl_3jA&t=2625s (7.7.2022).

121 https://www.sueddeutsche.de/kultur/thomas-gottschalk-interview-minions-1.5611480?reduced=true (10.12.2022).

122 https://www.augsburger-allgemeine.de/bayern/sexismus-debatte-sexistischer-liedtext-verbot-fuer-ballermann-hit-layla-auf-volksfest-in-wuerzburg-id63273926.html (10.12.2022).

123 https://www.faz.net/aktuell/feuilleton/medien/humboldt-uni-sagt-vortrag-ueber-geschlecht-und-gender-ab-18146161.html (10.12.2022).

124 https://www.faz.net/aktuell/feuilleton/debatten/biologin-vollbrecht-hat-gender-vortrag-an-humboldt-uni-nachgeholt-18173838.html (10.12.2022).

125 https://www.derstandard.at/story/2000119208369/kabarettistin-lisa-eckhart-nach-linkem-protest-von-festival-ausgeladen (10.12.2022).

126 https://www.tt.com/artikel/30746524/zuerst-ausgeladen-lehnt-kabarettistin-eckhart-neue-festival-einladung-ab (10.12.2022).

127 https://www.rnd.de/panorama/wegen-dreadlocks-von-fff-ausgeladen-musikerin-meldet-sich-zu-wort-I5Y4J2BBAVDYZNVEPIWL5MKNOM.html (10.12.2022).

128 https://www.derstandard.at/story/2000138435539/kulturelle-aneignung-erneut-konzert-von-reggae-band-lauwarm-abgesagt (10.12.2022).

129 https://www.zeit.de/2020/29/cancel-culture-liberalismus-rassismus-soziale-gerechtigkeit (10.12.2022).

130 Vgl. https://www.idz-jena.de/fileadmin/user_upload/IDZ_Islamismus_Rechtsextremismus.pdf, 23 (12.12.2022).

131 Vgl. El-Mafalaani, Das Integrationsparadox, Kiwi, 2020, 149.

132 Vgl. Bspw. Horvath/Sczesny, Reducing women's lack of fit with leadership positions?, European Journal of Work and Organizational Psychology (2015).

133 https://www.antidiskriminierungsstelle.de/SharedDocs/downloads/DE/publikationen/Expertisen/diskriminierung_in_stellenanzeigen.pdf?__blob=publicationFile&v=6 (13.12.2022).

134 https://www.linkedin.com/posts/stuartbcameron_gendern-diversity-woke-activity-6971055428017258496-zHfN?utm_source=share&utm_medium=member_desktop (12.12.2022).

135 https://www.linguistik-vs-gendern.de/ (11.12.2022).

136 Vervecken, D., & Hannover, B. (2015). Yes I cán! Effects of gender fair job descriptions on children's perceptions of job status, job difficulty, and vocational self-efficacy. Social Psychology, 46, 76-92.

137 Piketty, 2022, 38.

138 Stefanowitsch, Eine Frage der Moral, Duden,2018, 32.

139 Lembke, Diversity als Rechtsbegriff, RW -Heft 1 (2012) (46-75) 48.

140 Hormel, Diversity und Diskriminierung, Sozial Extra 11I12 (2008), 20.

141 Lembke, 46 mwN.

142 Vgl. statt vieler: https://www.mckinsey.com/~/media/mckinsey/featured%20insights/diversity%20and%20inclusion/diversity%20wins%20how%20inclusion%20matters/diversity-wins-how-inclusion-matters-vf.pdf (13.12.202).

143 Als Unterkategorien im Hinblick auf Gender und LGBTIQA+ werden hier auch die Bezeichnungen ›Pink Washing‹ und ›Rainbow Washing‹ verwendet.

144 https://utopia.de/ratgeber/pinkwashing-das-steckt-dahinter/ (11.12.2022).

145 Rahnfeld, 2019, 1.

146 Rahnfeld, 2019, 1.

147 Siehe https://www.antidiskriminierungsstelle.de/DE/ueber-diskriminierung/recht-und-gesetz/richtlinien-der-eu/richtlinien-der-eu-node.html (13.12.2022).

148 Die soziale Herkunft ist allerdings nach der europäischen Grundrechtecharta (Art 21 Abs 1) geschützt, allerdings kann diese – gerade unter Privaten – nur eingeschränkt herangezogen werden.

149 Vgl. bspw. Sierminska, Does it pay to be beautiful? IZA World of Labor 2015: 161, wobei diese Studie zu branchenabhängigen Ergebnissen kam.

150 EuGH vom 18.12.2014, C-354/13.

151 Lembke, 72.

152 Vgl. Scherr, 9: »Das Diskriminierungsverbot ist zwar eine zwingende Entsprechung des meritokratischen Prinzips. Diskriminierung ist gleichwohl in dem Ausmaß gesellschaftlich nicht verzichtbar, wie Positionszuweisungen unter Bedingungen gravierender sozialer Ungleichheiten begründet werden müssen, aber nicht zureichend mit dem Prinzip der Leistungsgerechtigkeit gerechtfertigt werden können.«

153 Vgl. Antidiskriminierungsstelle des Bundes, Handbuch »Rechtlicher Diskriminierungsschutz«, 2017, 131.

154 Rommelspacher, 1995, 22.

155 Vgl. Lange, Eugenik: Geschichte und Gegenwart, disserta, 2015, 19ff.

156 https://www.duden.de/sprachwissen/sprachratgeber/generische-verwendungsweise-maskuliner-formen (12.12.2022).

157 Arndt, Rassistisches Erbe, Duden, 2022, 106.

158 Lavorano, 2019, 4

159 Vgl. Becker »Subtile Erscheinungsformen von Sexismus« (APUZ 8/2014).

160 https://zentralrat.sintiundroma.de/sinti-und-roma-zigeuner/ (13.12.2022).

Tupoka Ogette

exit RACISM

rassismuskritisch denken lernen

11. Auflage
136 Seiten | 12.80 €
ISBN 978-3-89771-230-0
eBook | 7.99 €

Interaktives Handbuch der bekannten Anti-Rassismus-Trainerin

Das Buch begleitet die Leser*innen bei ihrer mitunter ersten Auseinandersetzung mit Rassismus und tut dies ohne erhobenen Zeigefinger. Vielmehr werden die Leser*innen auf eine rassismuskritische Reise mitgenommen, in deren Verlauf sie nicht nur konkretes Wissen über die Geschichte des Rassismus und dessen Wirkungsweisen erhalten, sondern auch Unterstützung in der emotionalen Auseinandersetzung mit dem Thema.

»Der nach wir vor in der weißen Gesellschaft präsente Alltagsrassismus ist so verpackt, dass er – wenn man nicht selbst tangiert ist – meist gar nicht auffällt. Ogettes Buch ist ein Appell an die (wohl vornehmlich linken) weißen Leser/innen, endlich die Scheuklappen abzunehmen.«

Selina Staniczek | konkret

Nkechi Madubuko

Empowerment als Erziehungsaufgabe

Praktisches Wissen für den Umgang mit Rassismuserfahrungen

3. Auflage
152 Seiten | 12.80 €
ISBN 978-3-89771-597-4
eBook | 7.99 €

Praxisratgeber für Eltern von Kindern mit Migrationsgeschichte

Kinder aus binationalen / nicht-christlichen Familien sind in Alltag, Schule und Kita immer wieder Stereotypen, Rassismus und Diskriminierungen ausgesetzt. Das Selbstwertgefühl eines Kindes wird durch solche Ablehnungs- und Ausgrenzungserfahrungen geschwächt. Umso wichtiger ist die emotionale Begleitung und Vorbereitung im Elternhaus. Sie kann entscheidend dazu beitragen, dass ein Kind sich nicht als Opfer, sondern geliebt, wehrhaft und gleichberechtigt fühlt. Wichtige Elemente des Buches sind: elterliche Sensibilität statt ›herunterspielen‹, kritisches Differenzieren lernen, Selbstbewusstsein stärken, innere und äußere Schutz- und Akzeptanzräume schaffen und altersgerechte Strategien vermitteln.

Lena Völkening

Gendern

Warum wir die Flexibilität des Sprachsystems nutzen sollten

160 Seiten | 14,80 €
ISBN 978-3-89771-340-6

Ein Plädoyer für sprachgerechtes Gendern

Auch wenn sich fast alle einig sind, dass wir weniger diskriminierend kommunizieren möchten, wird über kaum etwas so heftig debattiert wie über das Thema Gendern. Um souverän über das Ob und Wie entscheiden zu können, ist es hilfreich zu lernen, wie Sprache im Allgemeinen funktioniert. Denn ihre Regeln sind so komplex wie das Innenleben von uns Menschen. Jedes noch so kleine Detail – von Tonlage über Wortstellung bis hin zur Wahl der Wörter – erfüllt wichtige Funktionen menschlicher Kommunikation. Deshalb ist es nie egal, wie wir etwas sagen. Anhand faszinierender Erkenntnisse aus der Linguistik erklärt die Sprachwissenschaftlerin, Übersetzerin und Journalistin, welchen Einfluss Sprache auf unser Denken hat, wie Bedeutung entsteht und wie Sprachwandel ganz generell vonstattengeht.

UNRAST Verlag | www.unrast-verlag.de | kontakt@unrast-verlag.de

UNRAST